School of stock investment

さらに確実に儲けるための
売り時・買い時が学べる！

株式投資の学校 [チャート分析編]

ファイナンシャルアカデミー 編著

ダイヤモンド社

主な株価チャートはこれ！

　証券会社のウェブサイト等で表示される株価チャートは通常、カラーで表示されます。本書では株価チャートは白黒で解説を行っていますので、どの線のことを指しているのか戸惑う場合があるかもしれません。

　そこで、本文中で解説している線がどれなのか、迷った時に簡単に確認できるように、巻頭にカラーの株価チャートを掲載いたしました。

　なお、ご利用される証券会社等によって、株価チャートのカラー表示は異なります。その点はご了承ください。

❶ 株価の動きが一目でわかるローソク足 ➡ 32ページ

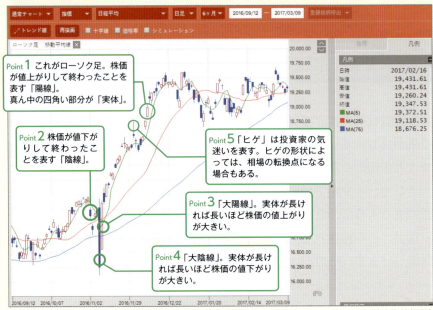

出典：会社四季報オンライン・高機能チャート（クォンツ・リサーチ株式会社提供）

❷ 株価のトレンドを把握できる移動平均線 ➡ 40ページ

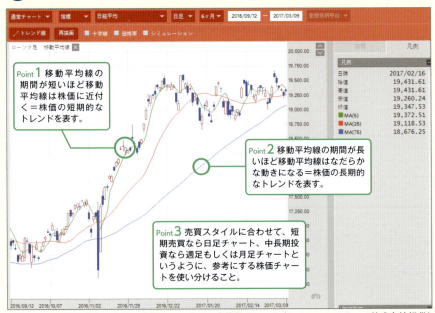

出典：会社四季報オンライン・高機能チャート（クォンツ・リサーチ株式会社提供）

❸ 株式市場の勢いがわかる出来高 ➡ 52ページ

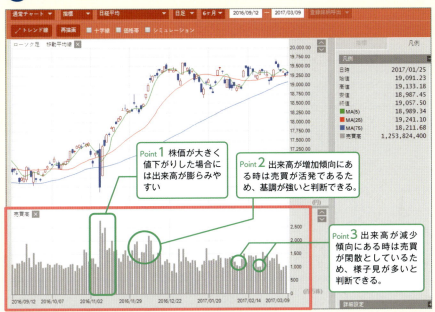

出典：会社四季報オンライン・高機能チャート（クォンツ・リサーチ株式会社提供）

❹ 7本の線からなるボリンジャーバンド ➡ 56ページ

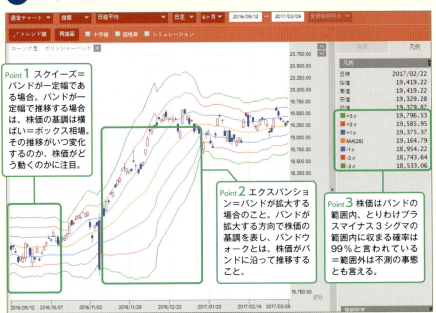

出典：会社四季報オンライン・高機能チャート（クォンツ・リサーチ株式会社提供）

❺ 見た目がわかりやすい一目均衡表 ➡ 63ページ

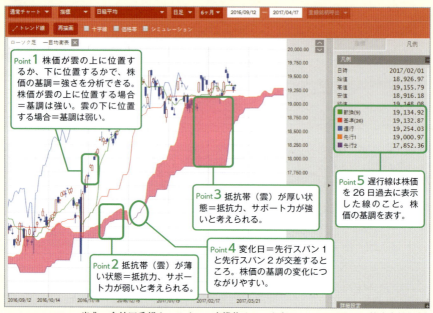

出典：会社四季報オンライン・高機能チャート（クォンツ・リサーチ株式会社提供）

❻ トレンドと過熱感の両方がわかるMACD ➡ 72ページ

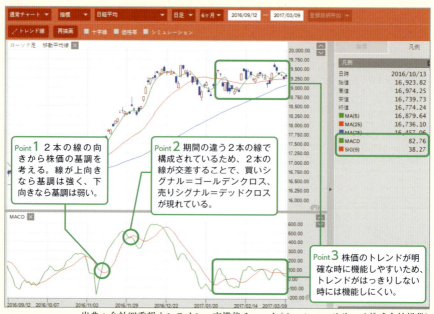

出典：会社四季報オンライン・高機能チャート（クォンツ・リサーチ株式会社提供）

❼ 株価の上昇幅で過熱感を分析する RSI（アールエスアイ） ➡ 78ページ

Point 1 株価が買われすぎか売られすぎかを分析する指標。一般的に買われすぎは70％以上、売られすぎは30％以下。

Point 2 株価のトレンドがはっきりしない時に機能しやすく、株価のトレンドが出ている時には機能しにくい。必ず売られすぎ、買われすぎの水準になるとは限らない。

出典：会社四季報オンライン・高機能チャート（クォンツ・リサーチ株式会社提供）

❽ 株価の上昇幅を順位付けする RCI（アールシーアイ） ➡ 84ページ

Point 1 株価のトレンドが出ている時に機能しやすく、トレンドがはっきりしない時には上下どちらかに線がはりつきやすい。

Point 2 ゼロラインを基準に、線が上で推移する時は基調が強く、下で推移する時は基調が弱い。

出典：会社四季報オンライン・高機能チャート（クォンツ・リサーチ株式会社提供）

❾ 現在の株価が高いか安いかを表すストキャスティクス　➡ 90ページ

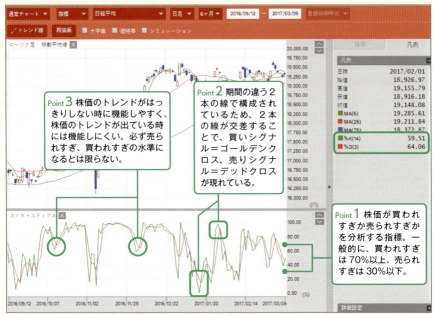

出典：会社四季報オンライン・高機能チャート（クォンツ・リサーチ株式会社提供）

はじめに

なぜ、株価チャートを利用する必要があるのか？

株価を分析する方法には、大きく以下の二つの方法があります。
① 「**ファンダメンタルズ分析**」経済状況や企業業績から株価を分析する方法
② 「**テクニカル分析**」株価チャートを使って過去の株価の動きから今後の株価動向を分析する方法

これら二つの分析方法は、
①企業が持っている実力を分析する方法
②株価の動向や買い時・売り時を分析する方法
というように、使い方が全く異なります。

株式投資では、企業にお金を投資して株主になるわけですから、企業の業績を分析して個別銘柄を選んでいる方は多くいることでしょう。個別銘柄を選ぶという観点に立てば、ファンダメンタルズ分析を利用することは、間違いではありません。しかし、
「最高益を記録した企業の株を購入したのに、株で損失を被ってしまった！」
そんな経験をされた方も多くいらっしゃるのではないでしょうか。一般的に、企業の業績が好調であれば「株価が上昇して当然」と考えられています。業績が良好な企業の価値、つまり時価総額は株式が購入されることで業績拡大に比例して大きくなります。反対に、業績が悪化すれば企業の価値は低下するため、株式が売られることで時価総額は小さくなります。

株式投資では一般的に、「**株価は、将来の企業業績や景気等を織り込んで動く先行指標**」とされています。ですから、足元の業績や景気を参考に行動していては、常に後手後手に回ってしまうことになりかねませ

ん。足元の業績が最高益であっても、来期の業績が芳しくなければ、株は売られてしまいます。反対に、足元の業績があまりよくなくても来期の業績が良好であれば、株は買われます。ですから、**現在の業績がどれほど良好な企業であっても、購入するタイミングを間違ってしまえば、損失を被ってしまう可能性が高い**のです。

株価チャートは最低限利用しなければならないツール

　そこで、株を購入するタイミングを検討する際はもちろん、売却を検討する際にも活用したいのがテクニカル分析です。
　テクニカル分析では、**株価が今後上がるのか、それとも下がるのかを、過去の株価の動きから分析します。**

　移動平均線分析などに代表されるテクニカル分析には、たくさんの種類があります。基本的にはどのテクニカル指標も株価を元にあらかじめ決められた計算式から算出されていますので、自分で勝手に設定を変えたりしなければ、利用している投資家は皆同じものを、同じ条件で使用することになります。

　例えば、テクニカル分析を利用した取引方法の一つが「**システムトレード**」です。システムトレードとは、テクニカル分析の様々な指標を組み合わせてシステム化し、買いサインが出たら買い注文を、売りサインが出たら売り注文を機械的に出すという投資方法です。
　テクニカル指標を元に算出される特性上、多少の違いはあっても、多くのシステムトレーダーの買いサインと売りサインは、ほぼ同時期に検出されます。
　システムトレーダーのように株価チャートを利用して買い時、売り時を分析する投資家が多ければ多いほど、テクニカル指標通りに動く確率が高くなりますので、テクニカル分析への信頼が高まります。

システムトレーダーをはじめとした多くの投資家は、株価チャートを利用して株を取引していますから、これから本気で株式投資で勝ち組になろうと思うのであれば、株価チャートは最低限利用しなければならないツールと言えます。

　それにもかかわらず、「テクニカル分析は面倒くさそう」と考えて、株価チャートを利用することなく株式投資を行うのは、あまりにも無謀すぎます。言い方は悪いですが、それでは格好のカモとしか言いようがありません。

　例えば、2013年からアベノミスク効果で日本の株式市場は大幅に上昇しました。正直、この時期は誰が何を買っても株価チャートを利用しなくても、簡単に儲けられる状況（地合い）でした。この時に運良く株式投資を始めていれば、大きく儲けることもできたでしょう。でも、多くの投資家はその後、2015年のチャイナショック以降は苦しい戦いを強いられたことでしょう。結局、相場の地合いに任せて適当に売買をして儲かっていたにすぎないのです。

　では、株を売買するタイミングを判断するために、なぜテクニカル分析が必要なのかについて、具体的に説明しましょう。

暴落局面に対するリスク管理に、テクニカル分析は不可欠

　株価チャートを利用するいちばんの理由は、3～7年に一度訪れる株式市場の暴落局面に対して備えるためです。

　実際に日経平均株価の株価チャートを見て、株価の流れを確認してみましょう。

　次ページの図表1を見てください。

　2012年12月に自民党の安倍政権が誕生。安倍内閣が打ち出した「金融政策、財政政策、成長戦略」という三本の矢によるアベノミクスにより、日本の株式市場で株価は大きく上昇しました。

2011年〜2015年にかけての日経平均株価の推移

出典：会社四季報オンライン・高機能チャート（クォンツ・リサーチ株式会社提供）

　2012年末に9000円台だった日経平均株価は、リーマンショック前の2007年2月につけた高値1万8300円を上回り、2015年6月24日には2万952円まで上昇しました。その後、
　「日経平均株価は3万円、4万円まで上昇する」
　と言い始めるエコノミストやアナリストが当時は多く現れてきました。みなさんもその言葉に大いに期待したかもしれません。

　しかし、実際はどうだったでしょうか？　次ページの図表2の❷の部分を見てください。
　❷2015年8月には、中国の景気減速や人民元の切り下げを発端とした「チャイナショック」が発生。これをきっかけに、日本の株式市場はもちろん、米国の株式市場も大きく下落しました。
　結局、日経平均株価は2015年6月の高値2万952円を上回ることな

2015年～2016年にかけての日経平均株価の推移

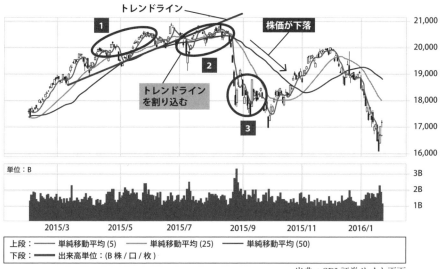

出典：SBI証券サイト画面

く、4000円以上も下落し、9月29日には1万6901円の安値をつけました。

　上の図表2を■1、トレンドライン、■2、■3と順を追ってご覧ください。さらに詳細に株価の流れを確認してみましょう。

■1 日経平均株価は2015年に入ってからも上昇トレンドが継続していて、5月当時は1万9000円台にありました。

　トレンドライン分析を活用して株価チャートを見てみましょう。図表2のトレンドラインのところです。

■2 2015年8月の半ばあたりは、日経平均株価は2万円台ではありますが、トレンドラインを割り込んでしまっています。つまり、株価水準は高いけれども、これまでの上昇トレンドに変化が発生し始めていることがわかります。

■3 これまで高値圏で推移していた日経平均株価はトレンドラインを下

005

回ったことで、次第に株価の上昇トレンドに疑念を抱く人が増えて、売りが増えるようになりました。そして、2015年8月下旬から大きく下落してしまいました。

　株式市場の天井がどこなのか、暴落がいつ訪れるのかを正確に予見することは誰にもできません。本当に株価が下落するかどうかは、後になってみなければわかりません。
　しかし、株価が上昇するのか下降するかはわからなくても、株価の上昇トレンドに変化が発生し始めていることさえわかれば、保有株を早い段階で売却することができます。さらに高値圏で株を買うという、最もやってはいけない高値づかみという事態を避けることができます。
　もし、2015年8月のチャイナショックが発生する時にテクニカル分析を活用することができていれば、株式市場に変化が現れ、雰囲気が変わり始めているのを知ることができました。
　万が一、株式市場の状況が変わってきていることを予見できなくても、テクニカル分析を活用していれば、株式市場が大きく値下がりする前に、保有している株式を売却して、損失の発生を最小限に食い止めることができた可能性はあります。
　また、株式市場の状況が変わってきていることがたとえ予見できなくても、下落トレンドから次なるトレンドに転換したことを他の投資家よりも少しでも早く察知できれば、含み損を抱える前に利益を確定することもできたでしょう。
　このようにテクニカル分析を使うことで、予想外の事態に備えることができるため、チャート分析で株式投資におけるリスクを減らすことが可能になるのです。

5000円超も暴落する動きを避けるためにテクニカル分析を活用する

　その後、日本の株式市場は落ち着きを取り戻し、日経平均株価は

2015年12月に2万12円まで値上がりしました。きっと多くの投資家が「ようやく株価が戻ってきた」と考えたことでしょう。

しかし、2016年の取引開始日である大発会以降の日本の株式市場はどうだったでしょうか。図表3を見てください。１の部分を見るとわかりますが、2015年につけた高値を更新することなく、株価がひたすら下落する日々が続きました。

2016年1月4日に1万8818円だった日経平均株価は、2016年1月21日には1万6017円と、2800円も値下がりしました。さらに12月の高値からの下落幅は3995円で、チャイナショック時につけた安値をも下回る結果となりました。

この時も、テクニカル分析を活用できていれば、株式市場に変化が発生し始めていることを、いち早くつかむことができたでしょう。

結局、日経平均株価はその後もずるずると下落し続け、2016年夏までに1万5000円をも割り込みました。

図表3　1年で5000円も暴落（日経平均株価／2014年1月〜0216年7月）

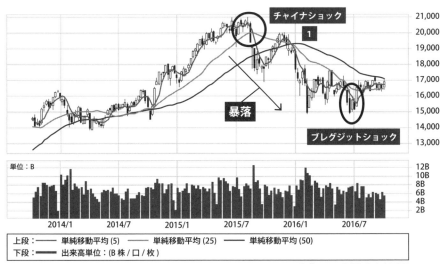

出典：SBI証券サイト画面

2016年6月24日に、英国がEU離脱を問うた国民投票でEU離脱が決まった「ブレグジットショック」の時には、1万4000円まで下落しました。2015年の高値から考えると、金額にすれば5000円超、パフォーマンスにすれば20％以上も大暴落したのです。
　テクニカル分析を少しでも活用できていれば、これほどの大暴落も事前に避けられた可能性が高いと言えます。

株価チャートの利用があなたの投資パフォーマンスを向上させる

　このように20％以上も株価が下落する暴落局面は、3～7年に1回くらいしか訪れないかもしれません。
　しかし、数年かけて上昇した株価を、たった半月～1年ほどで帳消しにしてしまうのが株式市場なのです。
　もし、あなたが2002年から株式投資を始めた場合を考えてみましょう。

**図表4　株価は1万円以上も暴落
（日経平均株価／2001年～2015年までの移動）**

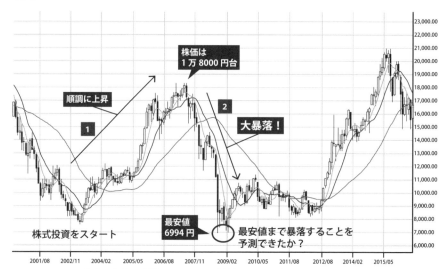

出典：会社四季報オンライン・高機能チャート（クォンツ・リサーチ株式会社提供）

図表4の株価チャートを見てください。

1 2007年頃までは順調に株価は上昇しています。株価が上昇している時は、簡単に言えば、誰が買っても、何を買っても、いつ買っても、大体の場合は儲かります。多くの投資家が、「株ってこんなに儲かるんだ。簡単だなー」と思ってしまいます。

2 しかし、その後のサブプライムショック、リーマンショックを経て、日経平均株価は2008年に7000円をも割り込み、最安値6994円をつけるまで株価は値下がり続けました。

2007年に日経平均株価が1万8000円台だった時に、株価が6994円まで大暴落することを、誰が予見できたでしょうか？

2 の株価が下落する途中を見るとずいぶんと株価が安くなったように見えます。「1万8000円から見たらずいぶんと安くなった。そろそろ下げ止まるだろう」と、下落途中で適当に、例えば1万円位で株を購入した人の多くは、さらなる株価の下落で損失が発生したはずです。

株価の暴落を予見できることが大切なのではありません。このような不測の事態に少しでもリスクを低減し、損失の発生を抑えることが大切なのです。

最近は、ネット証券会社が運営する自動売買システムの逆指値を活用して、損失の発生を最小限で抑える投資家が増えてきています。そのため株価が下落する時、株価が一方向に進み始めると、次第に下げ足を速め加速度を増して物凄く速いスピードで下落の方向に加速します。株価が大きく値下がりしている時に、のんびり「どうしようか」「いや、まだまだ株価は上がるはずだ」などと考えていたら、何も対応することができず、損失だけがどんどん拡大することになりかねません。

さらには、下落の程度によっては、コツコツ積み上げてきた利益が一瞬にして吹き飛んでしまう可能性もあります。リスク管理次第で、株式市場からの退場を余儀なくされる危険もあるのです。

もちろん、テクニカル分析がいつも完璧に機能するわけではありません。暴落局面では、株価が安くなるたびに買いサインが出てしまい、テ

クニカル分析が全く使い物にならないことがあるのも事実です。

　ですが、事前に暴落する、不測の事態が発生する可能性があることを分析できれば、少しでもリスクを低減することができ、一発退場を避けることができます。そのリスクをできるだけ少なくするために、テクニカル分析が必要なのです。

　テクニカル分析は、利用することに慣れるまでは少し面倒かもしれません。しかし、これまでテクニカル分析を利用していなかったのであれば、これを利用することで、あなたの株式投資のパフォーマンスは飛躍的に向上する可能性があります。勝率がぐっと上がったり、儲かる金額が増えて気分が悪い人はいないでしょう。

　テクニカル分析を活用することで、皆さんの株式投資がより楽しいものになり、さらに、より運用成績を上げることができたら、著者としてこれ以上の喜びはありません。

　ぜひ、この機会にテクニカル分析をご自分のものにしていただければと思います。なお、株価チャートの基本からじっくり学びたい方は、『株式投資の学校［入門編］』を参考にしてください。

2017年3月
　　　ファイナンシャルアカデミー講師兼株式投資家　横山利香

CONTENTS
株式投資の学校　チャート分析編

はじめに

なぜ、株価チャートを利用する必要があるのか？ ……………… 001

株価チャートは最低限利用しなければならないツール ………… 002

暴落局面に対するリスク管理にテクニカル分析は不可欠 ……… 003

5000円超も暴落する動きを避けるために
テクニカル分析を活用する …………………………………………… 006

株価チャートの利用が
あなたの投資パフォーマンスを向上させる ……………………… 008

第1章
テクニカル分析を使いこなす
4つのポイント

1　株価チャートの意味を理解することが大切 ………………… 016

2　テクニカル指標は2種類に分けられる ……………………… 018

3　トレンド系のテクニカル指標は
　　順張りの取引に向いている ……………………………………… 020

4　オシレーター系のテクニカル指標は
　　逆張りの取引に向いている ……………………………………… 025

第2章
トレンド系のテクニカル指標を活用する

1 株価の動きが一目でわかるローソク足 ……………………… 032
2 株価のトレンドを把握できる移動平均線 …………………… 040
3 グランビルの法則で売買ポイントを分析する ……………… 046
4 株式市場の勢いを把握できる出来高分析 …………………… 052
5 ボリンジャーバンドでは株価の9割がバンド内に収まる … 056
6 見た目がわかりやすい一目均衡表 …………………………… 063

第3章
オシレーター系のテクニカル指標の使い方

1 オシレーター系とトレンド系を併せ持つMACD ……………… 072
2 株価の上昇幅で過熱感を分析するRSI ………………………… 078
3 株価の上昇幅を順位付けするRCI ……………………………… 084
4 過去の値幅に対して現在の株価が高いか安いかを表す
　ストキャスティクス ……………………………………………… 090
5 移動平均線からの乖離で株価の過熱感を分析する …………… 096

第4章

トレンドを分析して
株式市場の状況を見極める

1 株価の方向性がわかるトレンドライン分析 ……………… 102

2 株価のトレンドに合わせて売買方法を使い分ける ……… 116

3 株価の動きを読み解くチャートパターン分析 …………… 125

4 株価を波の動きにたとえるエリオット波動理論 ………… 134

5 エリオット波動を構成するフィボナッチ比率分析 ……… 149

第5章

売買タイミングを
テクニカル指標で見極める

1 損失が発生するリスクを低減するテクニカル分析 ……… 158

2 テクニカル分析を行う流れ ………………………………… 160

3 下落トレンド銘柄の売買タイミングを見極める ………… 164

4 上昇トレンド銘柄の売買タイミングを見極める ………… 171

5 横ばいトレンド銘柄の売買タイミングを見極める ……… 178

6 中小型株や新興市場株の売買タイミングを見極める …… 185

コラム 株を買ってから売るまでの流れはこれ ……………… 192

巻末付録
この株は上がるのか下がるのか、チャート分析をやってみよう！ ……… 194

第1章

テクニカル分析を使いこなす4つのポイント

paragraph-1
株価チャートの意味を
理解することが大切

　株価チャートがどのような計算式で構成されているのか、知らない人も多いかもしれません。テクニカル指標を適切に使うためには、テクニカル指標が構成されている意味を理解しておくことが大切です。

テクニカル指標の意味を理解する

　ネット証券会社に口座を開設し、株価の動きを見るために、パソコンでネット証券会社のシステムにログインして株価チャートを表示させたとします。自動的に株価チャートが表示されますので、とても便利です。
　でも、皆さんはどういう基準で、数あるテクニカル指標の中から自分が使うテクニカル指標を選んでいるでしょうか？

「見た目が簡単そうだから、ローソク足と移動平均線でいいよね」
「マネー雑誌を読んだら使っていた人がいたから、ストキャスティクスを使ってみよう」

　こんなふうに、雑誌や株価チャートの見た目のわかりやすさなどを参考に、テクニカル指標を適当に選んでいる人が多いかもしれません。
　株式市場の世界には、多くのテクニカル指標がありますし、これから株価チャートを利用しようと考えるのであれば、他人が良いと言ったテクニカル指標を使うことや、わかりやすそうな株価チャートから使い始めること自体は間違ってはいません。
　しかし、全てのテクニカル指標には算出するための計算式があり、それによって毎日株価チャートが形作られています。
　ですから、どのような計算式で、どのような値が算出されているのかを、だいたいでもいいので理解しておくことが大切です。

そうでなければ、
「どのような場面で使うと、有効に機能するテクニカル指標なのか」
「売買するタイミングとしては、いつが適切なのか」
「自分が考えている投資スタイルに合っているテクニカル指標なのか」
がいつまで経ってもわからないからです。

　テクニカル指標の計算式の基本を理解することには、以下の三つのメリットがあります。

①株価がどのような動きを表しているのかがわかる
②売りサイン、買いサインがどのようなタイミングで出るのかがわかる
③どのような場合に利用するといいのかがわかる

　テクニカル指標の仕組みが理解できれば、あらかじめ自分の頭の中で今後の動きを考え、相場状況を把握することができるようになります。
　大雑把で構いませんので、テクニカル指標の計算式を理解しておくことが、まずは大切です。

> ❗ **POINT**
> ・テクニカル指標の計算式を理解する
> ・計算式から、テクニカル指標の意味を理解する
> ・買いサイン、売りサインの意味を理解する
> ・なぜ売買ポイントになるのか理解する
> ・どのような時に利用するのが適切なのかを理解する

paragraph-2
テクニカル指標は2種類に分けられる

　テクニカル指標には、株価の方向性を分析するトレンド系のテクニカル指標と、株価の過熱感を分析するオシレーター系のテクニカル指標の二つがあります。投資法や相場の状況に応じて使い分けましょう。

トレンド系とオシレーター系の2種類を使い分けてみよう

　株価チャートには、ローソク足や移動平均線、一目均衡表、ストキャスティクス、ボリンジャーバンド、MACD（マックディー）などたくさんの種類があります。

　そのため、自分の投資スタイルに合うテクニカル指標を見つけること、個別銘柄に合うテクニカル指標を見つけることは、少々面倒な作業になるかもしれません。

　テクニカル指標は、大きく二つに分けることができます。株価の動向、つまり株価の方向性を分析することができる①「**トレンド系のテクニカル指標**」と、株価の過熱感、つまり株が買われすぎか売られすぎかを分析することができる②「**オシレーター系（振れ幅をはかる）のテクニカル指標**」の二つのタイプです。

　株価が上昇（もしくは下落）基調にあるのかを確認する場合には、トレンド系のテクニカル指標を利用します。

　一方、株が売られすぎ（もしくは買われすぎ）なのかを確認する場合には、オシレーター系のテクニカル指標を活用します。

　これら二つのテクニカル指標は使い方が異なりますので、利用するタイミングや見るポイントを間違わないように注意しましょう。

　一般的に、株を取引する方法には、**株価が高くなると予測して株を買う「順張り」**と、**株価の動く方向とは反対方向に向かうことを予測して**

株を買う「逆張り」の2種類があります。

順張りでは、トレンド系のテクニカル指標を利用します。反対に、**逆張りではオシレーター系のテクニカル指標を利用**します。

トレンド系のテクニカル指標とオシレーター系のテクニカル指標では、それぞれの使う目的が異なっています。その時々の株価動向、個別銘柄、相場の状況等をよく考慮して、「今この瞬間、どのテクニカル指標を使うのが適切なのか」を自分で判断する必要があります。

テクニカル指標の使い方を誤ってしまうと、間違ったシグナルばかりが発生してしまうことになりかねません。万一、今そうした事態に陥っているのであれば、間違ったテクニカル指標を使っている可能性があります。

まず、自分の投資スタイルが順張りなのか、それとも逆張りなのか、どちらのスタイルなのかを再確認し、その投資スタイルに合ったテクニカル指標を選ぶようにしましょう。ご自身がどちらのスタイルなのかは、このあとの3節と4節を参考にしてください。

テクニカル指標の特性をよく理解して、細心の注意を払い、相場動向に合わせて日々使い分けていくことが大事です。

POINT

トレンド系のテクニカル指標（順張りで使用）
- 移動平均線（P40）
- トレンドライン（P102）
- ボリンジャーバンド（P56）
- 一目均衡表（P63）

オシレーター系のテクニカル指標（逆張りで使用）
- MACD（P72）
- ストキャスティクス（P90）
- RSI（P78）
- 移動平均線乖離率（P96）
- RCI（P84）

paragraph-3
トレンド系のテクニカル指標は順張りの取引に向いている

　今後、株価が上昇すると予想する場合に行うのが「**順張り**」です。株価が上昇していく過程での取引で、代表的な方法に「**押し目買い**」があります。これは比較的ビギナーでもやりやすい方法です。

「押し目買い」は順張りの代表的な取引方法

　トレンド系のテクニカル指標では、株価が上昇トレンドか、それとも下落トレンドか、横ばいのボックストレンドかというふうに株価の方向性を分析することができます。

　例えば、ローソク足や移動平均線などの株価チャートや一目均衡表等がトレンド系のテクニカル指標としてあげられます。株式投資の必勝パターンは、「**株価が安い時に買って、高くなったら売る**」ことです。買った値段と売った値段の差額が儲け（キャピタルゲイン）になります。

　業績が好調だから株価が必ず上がるわけではありません。海外の株式市場の動向や為替市場の動向の他、株式市場の状況（**地合い**といいます）など、その他の要因でも株価は変動します。ですから、株をいつ買っても儲かるというわけではありません。

　株価が上昇トレンドにある銘柄は、株価が天井を打つまでゆっくりと上昇していきます。反対に、下落トレンドにある銘柄の場合、株価は底を打つまで急速に下落していく傾向にあります。

　株価が上昇トレンドにある銘柄の場合、株価がさらに上昇しそうだと考える投資家の買いが増えるため、その後も株価の上昇トレンドが継続しやすくなります。そのため、上昇トレンドにある銘柄の方が儲けやすく、なるべく株価が安いタイミングで株を買った方が儲けの幅が大きくなります。

　このように、株価が上昇トレンドにある銘柄の株価がさらに上昇する

と考えて株を購入する取引方法のことを「**順張り**」と言います。そして、株価が上昇トレンドにある銘柄がちょっと値を下げて安くなったタイミングのことを**押し目**と言います。この押し目になった時に株を買うことを「**押し目買い**」と言います。

　順張りは、株価がさらに上昇することを期待して、上昇トレンドにある株を買うわけですから、比較的取引しやすく、ビギナーでも儲けやすい取引方法です。

　押し目買いの具体例を見てみましょう。図表5をご覧ください。株価が上昇している途中で、調整に転じて安くなっているタイミングがあります。この安いタイミングで株を購入する取引が押し目買いになります。以下の図表では、①②③の位置が株を買うタイミングです。

図表5　上昇トレンドにおける押し目買いのイメージ

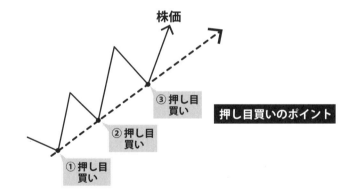

　ちなみに、株を売却するタイミングとしては、
①あらかじめ自分で何パーセント上昇したら売却するなどと決めておく方法
②株価が天井を打って下落に転じてから売却する方法
　の二通りが考えられます。
　どちらでも構いません。ただ、株価が上昇している時、多くの場合は

「まだまだ株価は上がるはずだ」と考えます。そして、株価が下落しても「また株価は元に戻るはずだ」と欲をかいて売り時を逃してしまいがちです。売却する判断を下すことが難しい場合や株式投資を始めて間もなくて、売り時がよくわからない場合には、①のようにあらかじめ何パーセント上昇したら売却する、と決めておいた方が売り時を逃すことがありませんからよいでしょう。

順張り、押し目買いを株価チャートで確認しよう

具体的に日経平均株価のチャートで押し目買いのポイントを見てみましょう。

図表6 押し目買いのポイント
（日経平均株価／ 2014 年 2 月〜 2016 年 1 月）

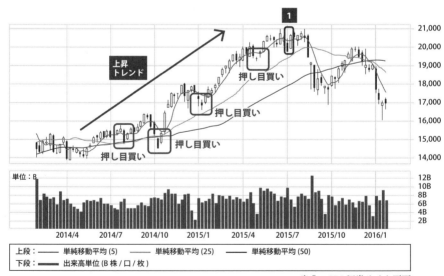

出典：SBI 証券サイト画面

上の図表6のチャートを見ると、2014 年〜 2015 年 7 月にかけて株価

は中長期間上昇トレンドにあることがわかります。

　とは言え、その推移を見ると、株価が上昇している途中で時々下落していて、株価が一直線に上昇しているわけではないこともわかります。繰り返しますが、このように株価が上昇する過程で、たまに下落している箇所を押し目といいます。そして、この押し目で株を買う取引方法が、押し目買いです。

　押し目買いは、株価が上昇トレンドの時に行う取引ですから、保有している株の買い増しをしたい時や、欲しかった株が上昇している途中で下落してきた時に買う場合が考えられます。

　なお、押し目買いで株の買い増しを行った場合には、買い増しした分だけ株数は増えます。

　株価の上昇途中にある下落タイミングで株を購入するとはいえ、最初に株を購入した時の単価よりも高い価格で購入するのが一般的です。株を購入したら価格は平均化されますから、平均購入価格は上昇することになります。

　この押し目買いは比較的儲けやすい投資手法ですが、注意しなければならないことがあります。それは、株価は常に上昇し続けるわけではなく、必ず天井を打ち、いずれは下落するということです。

　株価がさらに上昇するだろうと考えて株を購入してはみたけれど、考えに反して株価が下落し、下げ止まらなくなるという事態も考えられます。このような場合は、押し目買いを行うタイミングが遅く、天井間近で高値づかみをしたということです。図表6にある**1**が高値づかみです。株価が若干下がってきたので買ってはみたものの、そのまま横ばいで推移してしまい、悲運にもチャイナショックに見舞われたことで株価は下落してしまいました。

　株価がさらに上昇しなければ、押し目買いにはなりません。上昇トレンドにある銘柄でも、株価はいずれ下落トレンドに転じます。先述しましたが、株価は一般的にゆっくりと上昇する傾向にある反面、下落する時は物凄い速さで下落します。

　ですから、高値圏での押し目買いは、いつ株価が下落に転じる可能性

があるのかはわかりませんから、特に注意が必要です。つまり、押し目買いのつもりが実は高値づかみになってしまう、ということです。

損失を被らないようにするために、押し目買いを行った後の株価の上昇トレンドが変化していないか、常に注意しておく必要があります。万一、上昇トレンドが終了したような予兆が表れた場合には、いち早く株式の売却を行うなどの対応を考えておきましょう。

!POINT
- 上昇トレンドの場合は、順張り戦略が有効
- 押し目買いは、上昇トレンドが継続している場合のみに行う
- トレンドが転換したら押し目買いではなくなるので注意

paragraph-4
オシレーター系のテクニカル指標は逆張りの取引に向いている

　株が売られすぎか、買われすぎか、過熱感が出ている時にその反動を狙って行う取引方法が「逆張り」です。下落トレンドや方向感のない中での取引ですから、利益確定をしっかり行うことが大切です。

売られすぎで買い、買われすぎで売る
利益を上げるための基本

　株は上昇トレンドの銘柄ばかりではありません。値上がりするのかと思えば下落に転じ、値下がりするのかと思えば上昇に転じるというように、方向感がない銘柄もあります。

　このようにトレンドがはっきりせず、方向感のない銘柄の株価を分析する場合には、オシレーター系のテクニカル指標を使います。

　その他にも、上昇トレンドの銘柄の株価が上昇しすぎていないか、もしくは、下落トレンドの銘柄の株価が下落しすぎていないか等株価の過熱感を分析したい場合にも、オシレーター系のテクニカル指標が有効です。

　オシレーター系のテクニカル指標では、株価の過熱感、つまり株が買われすぎの水準か、それとも売られすぎの水準かを分析することができます。例えば、RSI（アールエスアイ）やストキャスティクスなどがオシレーター系の代表的なテクニカル指標としてあげられます。

　これらを使うと株価が値上がりした場合に、どの程度買われすぎなのかを分析できます。反対に、株価が値下がりした場合には、どの程度売られすぎなのかを分析することができます。

　オシレーター系のテクニカル指標を利用して行う取引方法に、「**逆張り**」があります。逆張り取引は、例えば株価が下がってきたら、いずれ株価が下落の反動でリバウンドする＝上昇する可能性があるだろうと考えて、売られすぎのタイミングで株を買う方法です。売られすぎの状態

から反転して株価が上昇することを「**リバウンド**」と言います。ダイエットの後に体重が戻るリバウンドと考え方は同じです。

　一般的に、株価が大きく値下がりすればするほど、リバウンドして反発した時の上昇は大きなものとなります。

　しかし、リバウンドによる株価反発は、基本的に上昇トレンドではなく、あくまでも下落トレンドの中の反発に過ぎません。そのため、リバウンドの期間は一般的に短いものになる可能性が高くなります。

　それでは、逆張りのイメージを見てみましょう。図表7をご覧ください。

図表7　下落トレンド（逆張りでリバウンドのイメージ）

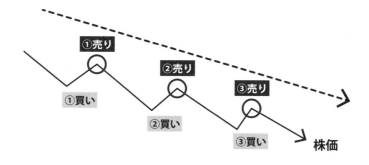

　この図表の株価は下落トレンドですから、一貫して値下がりしています。この株価の下落は底を打つまで続きます。

　ただし、株価は一方的に下落し続けるわけではなく、短期的には値下がりの反動で一時的に上昇します。この一時的に株価が上昇するタイミングを狙って、株価が大幅に値下がりした時に株を購入して、思惑通り株価が上昇したら売却する方法が**リバウンド買い（戻り売り）**です。

　図表7を見ると、一時的に株価が上昇するタイミングを探して株を買うことは簡単そうに見えます。

　しかし、リバウンドしたとはいえ、株価の基調は下落トレンドです。

利益確定のタイミングを逃してしまうと、株価が買った値段よりもさらに下落してしまい、損失を被ってしまう可能性があります。

　順張りの取引に比べて、逆張りの取引では利益を短期間で得られるため、つい逆張りでの取引をしがちです。しかし株価が下落しているトレンドに逆らって買う取引で利益を得ることは難しいのが普通です。

　逆張りの取引を行う際には、利益確定のタイミングを逃さないように注意を払い、かつ欲をかかないようにしなければなりません。

逆張り、リバウンドを株価チャートで確認してみよう

　図表8で具体的に、日経平均株価のチャートで逆張りのポイントを見てみましょう。

　下の図表8の株価チャートを見ると、2015年1月から上昇トレンドにあった株価が、2015年8月頃を境に、下落トレンドに変化したこと

図表8　逆張りとは？（日経平均株価／2015年1月〜2015年10月）

出典：会社四季報オンライン・高機能チャート（クォンツ・リサーチ株式会社提供）

がわかります。

　株価は大きな流れでは下落トレンドにありますが、株価が大きく下落したところで途中で反発していることがわかります。図表8の中にある丸で囲んだ所です。この株価が短期的に上昇しているところが**リバウンド**です。「**逆張り**」とは、株価がこのように下落している途中で株を買う取引方法のことです。

　逆張りでの注意点は、株価のトレンドは下落であるということです。わかりやすく言うと、大きな下落トレンドの中にある一時的な株価上昇、つまりリバウンドに過ぎず、そのリバウンドが終了すると、株価は再び下落トレンドに戻ってしまうのです。

　ですから、逆張りの取引を行う際には、長期的に株価が上昇することを前提にした順張りの取引とは考え方を変える必要があります。あらかじめ株を売る基準を決めておいた方が、売り時を逃すリスクを低減できます。

　と言うのも、図表8の株価チャートを見てわかる通り、下落トレンドの場合にはリバウンドの期間が短い場合が多く、利益確定のタイミングを逃してしまうと、あっと言う間に損失に陥ってしまう可能性があるからです。

　さらに、株価の上昇は時間がゆっくりですが、下落の時はわれ先にと投資家が多くの利益を確定しますから、物凄く速いスピードで株価は下落します。場合によっては、買った値段よりも値下がりしてしまう場合もありますから、順張り取引に比べて買う時も売る時もむずかしい取引方法だと言えます。

　「いつもこのあたりで株価が反転していたから、今回もこのあたりで反転するだろう」と考えて株を買ってはみたものの、株価が下げ止まらず、さらに下落して損失が発生してしまうこともあります。

　また、逆張りで株を購入できたにもかかわらず、「もっと上がるかも」と欲をかいたために株を売り損ない、損失が発生してしまう場合もあります。

　株価は下げ止まりが確認されるまで下落し続けます。逆張りでは、利

益確定のタイミングを逃すと、損失が拡大します。そうした事態に陥らないように、逆指値注文を入れるなどのリスク管理を徹底し、ロスカット（損切り）や利益確定を忘れないようにしましょう。

ナンピンをする時は最悪の事態を想定しよう

　保有株に損失が発生したため、さらに下落した株を買い増し、平均単価を引き下げることを「**ナンピン（ナンピン取引）**」と言います。

　ナンピン取引では、当初買った株価よりもさらに値下がりしたところで買い増すので、買えば買うほど平均取得単価を下げることができます。ただし、株数はナンピンを行った分だけ増えます。

　以下の図表9をご覧ください。

　まず株価1000円で100株を購入したとします。その後、株価はずるずると下落したので、株価500円でさらに100株を購入します。この時、購入単価は1000円から750円（1500円÷2）に引き下げることができます。100株だった株数は200株に増えます。

図表9　ナンピン取引とは？

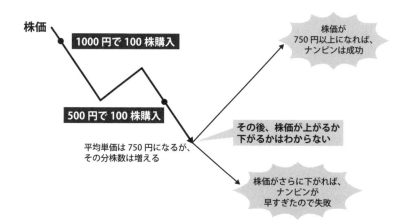

その後、株価が底打ちして上昇し、750円よりも高くなったところで200株を売却できれば利益が確定し、ナンピンは成功したと言えます。
　しかし、そのまま株価が下落した場合には、損失がどんどん増えてしまうことになりますので、ナンピンを行うタイミングが早すぎて失敗だったと考えることができます。
　ナンピンが成功するかどうかは、買い増しを行うタイミングと株数によって決まります。買い増す余力がなければ、それ以上ナンピンを行うことすらできず、ただ株価が下がるのを見ているだけになってしまいます。
　ナンピンを行う場合には、株価が上昇する確率が高い方がいいですから、できれば底打ちを確認してからの順張りスタンスで行った方が良いでしょう。そして、ナンピンを行う時にできるだけ多くの株数を買い、平均単価を下げるようにしましょう。

POINT

- 下落トレンドの場合は、逆張り戦略が有効
- リバウンド狙いの買いは、短期保有で利益確定をしっかり行う
- 保有株に損失が発生した場合は、ナンピンを行うことができる
- ナンピンを行うタイミングは、下げ止まりが確認できてから行った方が成功する確率が高い
- ナンピンする時の株数は多い方が成功する確率が高い

第2章

トレンド系のテクニカル指標を活用する

ローソク足
移動平均線
グランビルの法則
出来高分析
ボリンジャーバンド
一目均衡表

paragraph-1
株価の動きが一目でわかるローソク足

　株価は取引時間中、上昇と下落を繰り返しながら絶えず動いています。その動きを形に表したものがローソク足です。仕組みは簡単ですから、形の意味をしっかりと覚えましょう。

ローソク足を構成している要素と仕組みを覚える

　株価は取引時間中、上昇したり、下落したり、横ばいだったりと常に動いています。ローソク足は、いくらで取引が始まり、いくらで取引が終わったのか、そして、いくらまで株価が上昇し、下落したのか、取引時間中の株価の動きをわかりやすく表示したものです。

　具体的に、ローソク足がどのような構成になっているのかを見ていきましょう。図表10をご覧ください。

　ローソク足の真ん中にある四角い部分を「**実体**（じったい）」と言い、実体の両端にある線を「**ヒゲ**（上ヒゲ、下ヒゲ）」と言います。実体は、**始値**（はじめね）と**終値**（おわりね）を表し、ヒゲは**高値**（たかね）と**安値**（やすね）を表しています。

　始値は取引が始まった時の最初（**寄付**（よりつき））の株価のことです。終値は取引が終わる時の最後（**大引け**（おおびけ））の株価のことです。そして、高値はその日に最も高かった株価のことで、安値はその日に最も安かった株価のことです。

　株価が寄り付いた後に上昇し、終値が始値より高く終わったとします。この場合は、始値よりも終値の方が、株価が高く取引を終えたことになります。この場合のローソク足は「**陽線**（ようせん）」になります。反対に、株価が始値より終値の方が安く取引を終えた場合のローソク足は「**陰線**（いんせん）」になります。

　陽線でも陰線でも、株価が最も高い所がヒゲの先端で高値になり、最も安い所がヒゲの末端で安値になります。株価の動きを1日中見ていな

くても、株価が下がったのか、それとも上がったのか、ローソク足を見るだけで株価の動きを把握することができます。

　取引時間中はローソク足の形が確定しておらず変化しています。取引時間が終了した15時以降にその日のローソク足（＝日足）が決定しますから、取引時間終了後に確認すれば1回で済みます。

図表10　ローソク足で株価の動きが読める

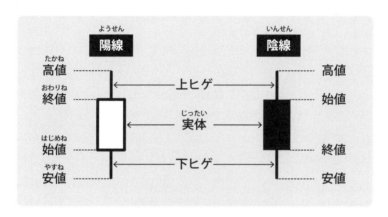

ローソク足の実体とヒゲの見方

実体の大きさを見る	陽線＝実体が長ければ長いほど強い 陰線＝実体が長ければ長いほど弱い
ヒゲの長さを見る	ヒゲの長さ＝迷いがあることを示している 　　　　　　出来高、高値圏、安値圏なども踏まえて分析が必要

時間軸で異なるローソク足を投資スタイルで使い分ける

　ローソク足を使って一定期間の株価の動きを表しているのが株価チャートです。株取引が行われる日はローソク足が発生します。相場が開か

れる月曜日から金曜日までの毎日の株価を表示した株価チャートが**日足チャート**です。1日1日の株価の動きを表しています。そして、月曜日から金曜日までの1週間を一つの単位として株価の動きを表した株価チャートが**週足チャート**です。さらに4月、5月というように、1カ月を一つの単位として株価の動きを表した株価チャートが**月足チャート**です。どれかだけを使えばいいというわけではありません。図表11～図表13を見てわかるように、日足で週足が、週足で月足が構成されているわけですから、長い時間軸の株価チャートで長期のトレンドを確認し、短い時間軸の株価チャートで短期のトレンドを確認します。投資スタイルに合わせて、使い分けましょう。

　いずれのチャートでも、ローソク足ができ上がる仕組みは同じです。日足チャートの時は1日の株価の動きで一つローソク足が構成されますが、週足チャートでは1週間、月足チャートでは1カ月の株価の動きで構成されます。いずれの時間軸でも株価が値上がりして取引を終えた日が多ければ陽線のローソク足が多くなります。陽線のローソク足が多くなれば、上昇トレンドだというふうにざっくりと把握することができます。反対に、下落トレンドの場合には陰線のローソク足が多くなりますから、下落トレンドだと把握することができます。

　ちなみに、海外のウェブサイトでローソク足を表示する場合には、「キャンドルスティック」を選択すればよいでしょう。

代表的なローソク足は最低限覚えておこう

　ローソク足の構成について解説しましたが、必ずしも実体とヒゲがあるわけではありません。その時々の相場の地合いを表しているのがローソク足ですから、実体だけ、ヒゲだけのローソク足も現れます。

　実体が大きいとそれだけ株価が上昇（もしくは下落）した証ですから、それだけ上昇（もしくは下落）の勢いが強いと判断できます。反対に、実体が小さい場合には、株価があまり動かなかったわけですから、勢い

| 図表 11 | 日足チャート

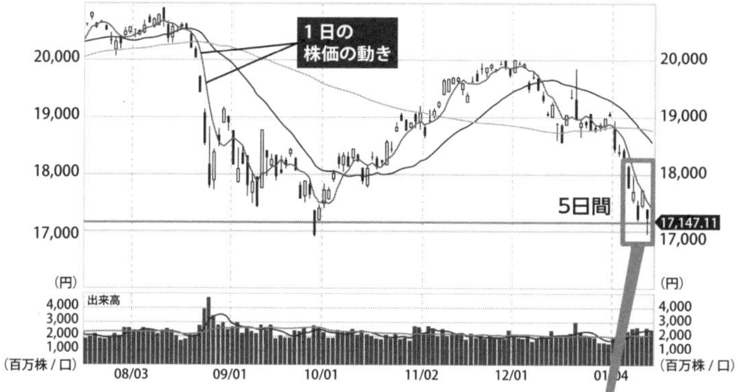

1日の株価の動き

5日間

| 図表 12 | 週足チャート

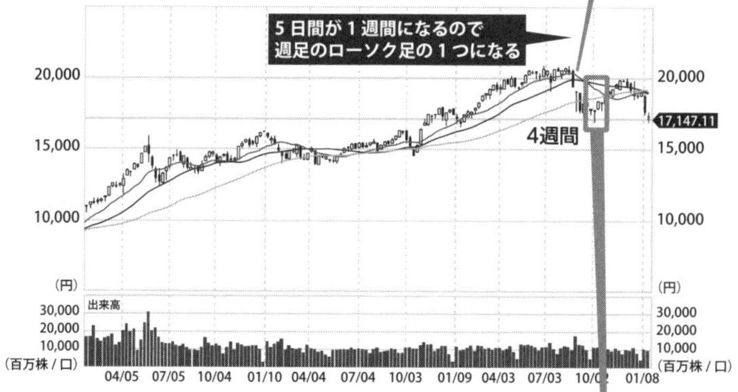

5日間が1週間になるので週足のローソク足の1つになる

4週間

| 図表 13 | 月足チャート

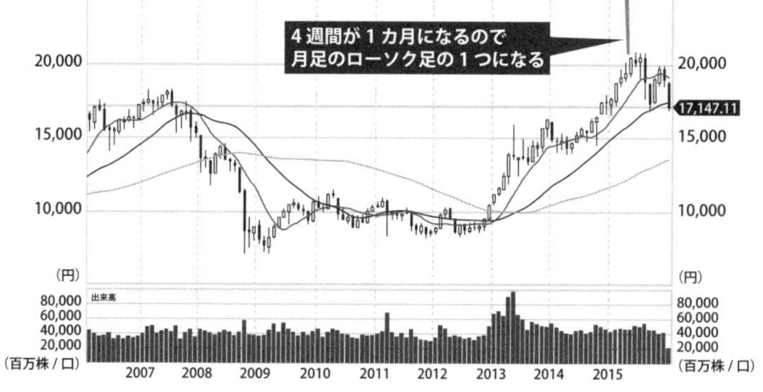

4週間が1カ月になるので月足のローソク足の1つになる

出典：SBI証券サイト画面

035

はそこそこだったと判断できます。

　また、ヒゲだけで実体がないローソク足もあります。「**寄引同時線（もしくは十字線）**」と言い、始値と終値が同じ価格だった時に現れるローソク足です（図表14参照）。買い方と売り方の力が拮抗しているために、始値と終値が同じ価格になるわけですから、株価がどちらに動くのか迷っている証でもあります。

　一般的に、寄引同時線や上下どちらか一方に長い上ヒゲや下ヒゲのローソク足が出現した場合には、相場の天井や底、つまり転換点になるこ

図表14　代表的なローソク足の種類

記号	名称	説明
□	陽の丸坊主	買いの勢力が一方的に強い
☐	大陽線	買いの勢力がかなり強い
☐	小陽線	強気もち合い（踊り場）
┬	陽カラカサ	底値圏で出たら反転シグナルか
┴	陽トンカチ	天井圏で出現したら反転シグナルか
┼	寄引同時線（十字線）	相場の転換を示す
┬	トンボ	相場の転換を示す
■	陰の丸坊主	売りの勢力が一方的に強い
■	大陰線	売りの勢力がかなり強い
■	小陰線	弱気もち合い
┬	陰カラカサ	底値圏で出たら反転シグナルか
┴	陰トンカチ	天井圏で出現したら反転シグナルか
―	一本線	相場が動かない
┴	トウバ	相場の転換を示す

とが多いとされています。株価チャート上に、こうしたローソク足が表示された場合には、株価の動きに変化がないか注目しておきましょう。

ローソク足を実際のチャートで確認してみよう

日経平均株価のチャートでどのようなローソク足が、どのような局面で現れるのかを確認してみましょう。図表15をご覧ください。

図表15 ローソク足で株価のトレンドをつかむ

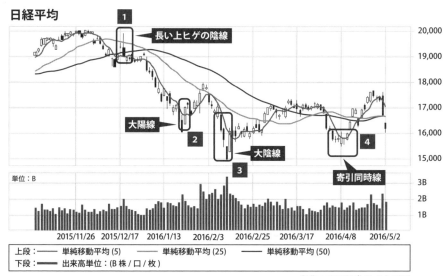

出典：SBI証券サイト画面

❶のローソク足は長い上ヒゲがあります。株価は高値圏から下落してきたところでいったん下げ止まり、一時的に反発した＝リバウンド局面にあります。

しかし、株価が高くなれば、株を高いタイミングで買って含み損を抱えている投資家の戻り売りや、安いタイミングで株を購入した投資家か

らの利益確定売りが出てきます。「早々に株を売却しよう」などと考える人が多かったのでしょう。株価がリバウンド上昇したタイミングで利益確定の売りに押されてしまい、その様子を見た投資家からの売りが膨らんで株価は次第に安くなり、結局は上ヒゲの長い陰線で取引を終えてしまったことがわかります。

　また、株価が上昇する、大きなトレンドが決まるような過程では❷のような大陽線が現れることがしばしばあります。今回の大陽線については、株価が下落してきて下げ止まる、いわゆる安値圏で出現したこともあり、株価のトレンドが短期的に転換して上昇に転じました。大陽線が現れると株価の上昇力が強いことの証になりますから、多くの投資家のマインドが悲観的から楽観的に改善したことがわかります。

セリングクライマックスとは
出来高を伴って株価が底を打つこと

　一方、株価が下落する過程では、❸のような大陰線が現れることが多々あります。大陰線が現れるということは、それだけ株価が下落する勢いが強かったことを意味します。今回のように安値圏で大陰線が出現した場合には、株価のさらなる下落に耐え切れず、われ先にと売りが出て、最後に投げ売りの状態になったと考えることができます。

　相場の最終局面では、このような投げ売りが出ることは珍しくありません。高値で株をつかんだ投資家の投げ売りが枯れることで、株価が出来高を伴って反転に転じるのはよくあります。一般的に、出来高を伴って株価が底を打つことを「**セリングクライマックス**」と言います。

　❹は株価が安値圏で底を打って反転するタイミングですが、この時は寄引同時線が複数現れていることがわかります。株価が下げ止まって上昇するのか、それともここからさらに下落するのか、どちらに動くのか投資家の多くが迷っていたために売り買いが交錯し、複数の寄引同時線が現れたと考えることができます。

株価チャートを見ると、1日中株価の動きをチェックしていなくても、節目節目でトレンドの強さを表す代表的なローソク足がたびたび現れています。取引時間が終わった後にどれくらいの株価水準で、どのようなローソク足が現れたのか形状を必ず確認し、翌日以降の株価がどう動くのかを分析する際の参考にローソク足を利用しましょう。

POINT
- 天井や底で現れやすいローソク足がある
- ローソク足を見れば、おおまかなトレンドがわかる
- ローソク足の代表的な形は覚える
- ローソク足が出来上がる仕組みは覚える
- ローソク足から投資家心理を読み取る

paragraph-2
株価のトレンドを把握できる 移動平均線

　移動平均線は一定期間の株価の動きを折れ線グラフで表したもの。株価に遅れて動き、線の向きで株価のトレンドを表しています。見ただけでトレンドがわかりますからビギナーでも活用しやすいです。

移動平均線を算出する 計算式を理解しよう

　移動平均線とは、日、週、月等一定期間の株価の動きを平均化したもので、折れ線グラフで表示されます。株価のトレンド（傾向）を表していて、英語で Moving Average とも言います。

　代表的な移動平均線としては、日足の株価チャートであれば、5日、25日、50日、75日が挙げられます。週足の株価チャートであれば13週、26週、52週、月足の株価チャートであれば9カ月、24カ月、60カ月などが挙げられます。

　移動平均線を算出する式は下記の通りです。

移動平均線の計算式（5日移動平均線の場合）

> 5日移動平均線＝過去5日間の終値の合計÷5日

　計算式を見るとわかりますが、移動平均線の数値は、ある一定期間の終値を合計し、その一定期間で割ることで求められます。

　例えば、5日移動平均線は、当日を含めた過去5日間の終値を合計して5日間で割ることで求めます。

　5日移動平均線とは、当日を含めた過去5日間の株価の終値を平均した数値を毎日つなげて折れ線グラフにしたものです。

　例えば、25日移動平均線は5日移動平均線よりも平均する日数が25日と長いですから、折れ線グラフは、5日よりも数値は緩やかな平均値

となります。そのため、25日移動平均線は、5日移動平均線に遅れて動き、かつ緩やかに表示されます。

　平均値を計算する期間が長いほど折れ線グラフの動きは滑らかになりますから、長期の移動平均線は短期の移動平均線よりもゆるやかな線になり、そのため遅れて動きます。長期の移動平均線は、期間が長ければ長いほど緩やかな曲線になり、長期間のトレンドを表しています。

　また、移動平均線は当日を含めた過去の一定期間の株価の終値を平均した数値ですから、株価に遅れて動きます。株価が上昇すれば株価の後に続く形で移動平均線が上昇し、株価が下落すれば後に続く形で移動平均線が下落します。短期間の移動平均線は、平均する日数が少ないため株価の近くに表示され、長期間の移動平均線になるほど、株価と移動平均線は離れて表示されます。

　実際に日経平均株価の日足チャートを、図表16で見てみましょう。

代表的な移動平均線の種類

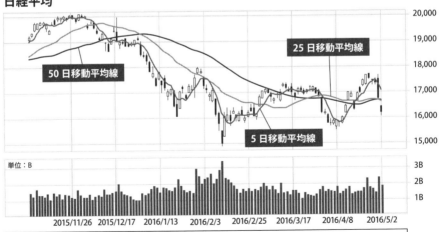

出典：SBI証券サイト画面

ローソク足に最も近い所に表示されている線が5日移動平均線です。そして、5日移動平均線を追いかけている線が25日移動平均線、最も遠い所に表示されている線が50日移動平均線です。週足チャートでも、月足チャートでも移動平均線の仕組みは同じですから、移動平均線の平均化する期間が短いほどローソク足に近い所に表示されます。

売買タイミングの判断材料となる
ゴールデンクロスとデッドクロス

　図表16で見たように、移動平均線は、期間が異なる線を表示しています。株価の動きに合わせて移動平均線の表示も異なり、時には移動平均線が交差（クロス）することもあります。この移動平均線が交差（クロス）する動きから、売買タイミングを分析することができます。

　具体的には、2本の移動平均線がクロスするタイミングを「**買いサイン**」と「**売りサイン**」に分析することができます。買いサインのことを「**ゴールデンクロス**」、反対に売りサインのことを「**デッドクロス**」と言います。

図表17　ゴールデンクロスとデッドクロス

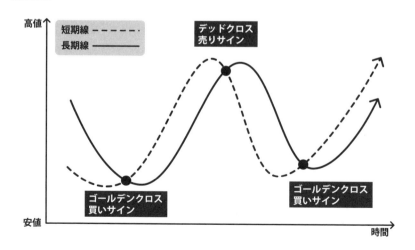

図表17はゴールデンクロス、デッドクロスのイメージ図です。買いサインであるゴールデンクロスは、期間の短い移動平均線が期間の長い移動平均線を、下から上に突き抜けることで現れ、一般的に「買い場」とされています。

　例えば、5日移動平均線が25日移動平均線を下から上に突き抜けるとゴールデンクロスになり、買いサインが現れたと考えられます。図表17を見てわかる通り、ゴールデンクロスは一般的に安値圏で現れます。

　反対に、売りサインであるデッドクロスは、一般的に「売り場」とされています。期間の短い移動平均線が期間の長い移動平均線を、上から下に突き抜けると、売りサインになります。

　例えば、5日移動平均線が25日移動平均線を、上から下に突き抜けるとデッドクロスとなり、売りサインが現れたと考えられます。図表17を見てわかる通り、ゴールデンクロスが現れてから一定時間経過して株価が上昇した後、つまり高値圏でデッドクロスが現れるのが一般的です。

ゴールデンクロス、デッドクロスを株価チャートで見てみよう

　実際の株価チャートでゴールデンクロス、デッドクロスを確認して見てみましょう。次ページの図表18をご覧ください。

　株価チャートを見るとわかりますが、期間の短い移動平均線が期間の長い移動平均線を下から上に突き抜けるゴールデンクロスは、株価が上昇する時に現れるのが一般的です（**2**の所）。

　反対に、売りサインであるデッドクロスは、期間の短い移動平均線が期間の長い移動平均線を、上から下に突き抜けることで売りサインとして現れています（**1**の所）。

　移動平均線による売買サインは株価チャートを見るだけで分析できますから、非常にわかりやすいという特徴があります。

　しかし、株価チャートを見ると、ゴールデンクロスとデッドクロスが

ゴールデンクロスとデッドクロスの典型的なパターン

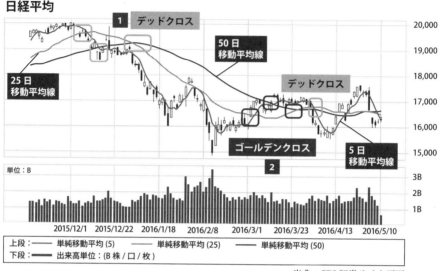

出典：SBI証券サイト画面

現れる時には、すでに株価が上昇もしくは下落していたという場合も出てきます。

1を見ると、株価が高い時に短期の移動平均線が比較的早い段階でデッドクロスしていることがわかります。その後、株価の下落とともに、期間の長い移動平均線もデッドクロスしています。このように株価のトレンドが長く続いている場合は、買いサイン、売りサインともに、機能していると言えます。

しかし、**2**のように、株価のトレンドが長く続かない場合には、ゴールデンクロスが出た後すぐにデッドクロスが出ています。短期の移動平均線ならまだしも、長い期間の移動平均線の買いサインで株を買うと、デッドクロスした時の株価よりも株価が高いため、損失を被る可能性が高いです。

と言うのも、計算式の所で説明しましたが、移動平均線自体がその日の終値を使って算出していますから、株価に遅れて動く仕組みになりま

す。そのため、買いサインと売りサインも株価に遅れて現れることになるためです。移動平均線で買いサインや売りサインが現れた時には、すでに株価は反転していたというのはよくあることです。こうしたテクニカル指標が表示される仕組みをあらかじめ考慮して、ゴールデンクロスとデッドクロスを活用した分析を行っていきましょう。

POINT

- 移動平均線の向きでおおまかな株価のトレンドがわかる
- 期間の異なる移動平均線がクロスすることで、買いサイン、売りサインがわかる
- 移動平均線は株価に遅れて動く
- 時間軸の長い移動平均線ほど、緩やかな折れ線になる

paragraph-3
グランビルの法則で売買ポイントを分析する

株価は移動平均線に引き寄せられるように、上昇と下落を繰り返しています。株価と移動平均線との位置関係から売買タイミングを分析するのが「グランビルの法則」です。

買い法則と売り法則を実際の取引で使いこなそう

株価と移動平均線との位置関係から、売買タイミングを分析することができます。これを「**グランビルの法則**」と言います。

株価は移動平均線に引き寄せられる習性があります。そのため、移動平均線と株価の位置関係から、買い法則、売り法則それぞれ4つあり、合計で8つの売買法則があります。図表19をご覧ください。

株価が移動平均線から下に大きく乖離した場合には、上にある移動平均線に引き寄せられる可能性があるため買いサインとなります。買い法則は基本的に、移動平均線が上昇トレンドにあることが前提です。そして、移動平均線が上昇しているにもかかわらず、株価が下落する場合が

図表19 グランビルの8法則のイメージ

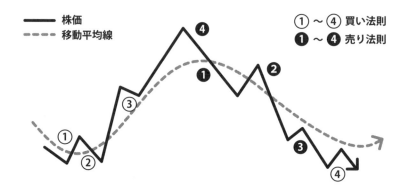

買いサインです。つまり、上昇トレンドの押し目買いとして考えることができます。

まずは買い法則の4つのポイントを、それぞれ図表20の株価と移動平均線の位置関係、解説で確認してください。

図表20 グランビルの法則（買い法則）

→ 株価
------- 移動平均線

項目	事例	解説
買いサイン①	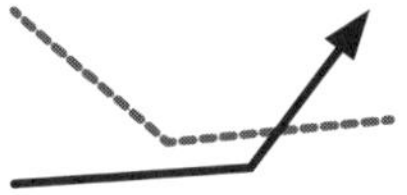	移動平均線が下落から横ばい、または上昇に転じる時に、株価が移動平均線を下から上に突き抜ける
買いサイン②		移動平均線が上昇トレンドにある時に、株価が移動平均線を上から下に突き抜ける
買いサイン③	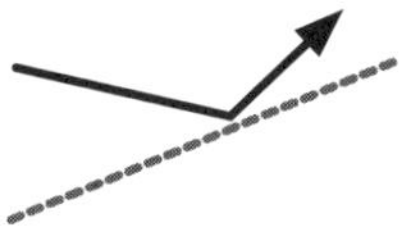	移動平均線が上昇トレンドにある時に、株価が移動平均線近辺まで下落したものの、下に突き抜けることなく再び上昇した
買いサイン④	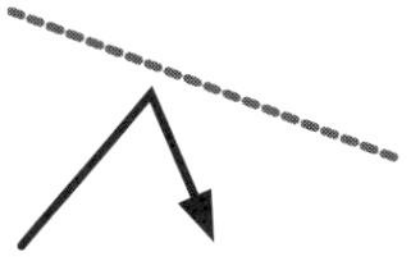	株価が低下する移動平均線の下に大きく落ち込んだ

買いの4法則を実際の株価チャートで見てみよう

具体的に、25日移動平均線と株価の位置関係から、ソフトバンク（9984）の株価チャートでグランビルの買い法則4つを見ていきましょう。図表21をご覧ください。

まず④は、株価が25日移動平均線から大きく離れて下落しています。このように株価が移動平均線から大きく下落した場合には、いずれ移動

平均線の方に引き寄せられて株価が上昇すると考えられるため、買い法則4になります。

③は、株価が25日移動平均線を下に突き抜けることなく下げ止まっています。このように株価が上昇トレンドにある時に、移動平均線を下に突き抜けることなく下げ止まった場合には買い法則③となります。

②は、株価が25日移動平均線を下に突き抜けました。このように株価が上昇トレンドにある時に、移動平均線を下に突き抜けた場合が買い法則②になります。

また、①は株価がいったん25日移動平均線を下回ったものの、横ばい気味の25日移動平均線を上に再び抜けました。このように株価が移動平均線を上に抜けた場合が買い法則①になります。

図表21　実際のチャートでグランビルの買い法則を見てみよう

出典：SBI証券サイト画面

売りの4法則を
実際の株価チャートで見てみよう

　次に、グランビルの売り法則の4つのポイントを、図表22の株価と移動平均線の位置関係、解説を参考に見ていきましょう。売り法則の場合には基本的に、移動平均線が下落トレンドにあることが前提です。移動平均線が下落しているにもかかわらず、株価が上昇する場合ですから、売りサインとなります。つまり、下落トレンドにおける逆張りの取引、もしくは、利益確定の戻り売りの取引になります。

　ただし、株価が移動平均線から上に大きく乖離した場合にも下に位置する移動平均線に引き寄せられると考えられますので、売り法則となります。

図表22　グランビルの法則（売り法則）

→ 株価
------- 移動平均線

項目	事例	解説
売りサイン❶		移動平均線が上昇から横ばい、または下落に転じる時に、株価が移動平均線を上から下に突き抜ける
売りサイン❷		移動平均線が下落トレンドにある時に、株価が移動平均線を上に突き抜ける
売りサイン❸	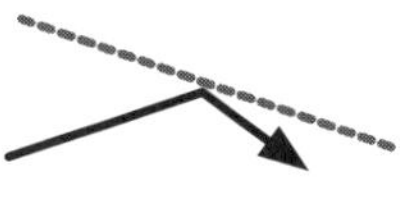	移動平均線が下落トレンドにある時に、株価が移動平均線近辺まで上昇したものの、上に突き抜けることなく再び下落した
売りサイン❹		移動平均線が上昇している場合でも株価が移動平均額とかけ離れて大きく上昇した

具体的に、25日移動平均線と株価の位置関係から、ソニー（6758）の株価チャートでグランビルの売り法則4つを見ていきましょう。図表23をご覧ください。

　まず売り法則❸は、株価が25日移動平均線に向かって上昇しましたが、移動平均線を上に超えることなく下落しています。このように株価が下落トレンドにある時に、移動平均線を超えられない場合が売り法則❸です。

　売り法則❷は、株価が25日移動平均線を突き抜けた場合です。このように株価が下落トレンドにある時に、25日移動平均線よりも大きく上昇した場合が売り法則❷になります。

　売り法則❹は、株価が25日移動平均線を大きく離れて上昇した場合です。このように株価が25日移動平均線よりも大きく上昇した場合が売り法則❹です。

　売り法則❶は、株価が25日移動平均線を下に突き抜けました。このように株価が下落トレンドにある時に、移動平均線を下に突き抜けた場合が売り法則❶になります。

図表23　実際のチャートでグランビルの売り法則を見てみよう

出典：SBI証券サイト画面

このように、グランビルの買い法則と売り法則を活用すれば、株価と移動平均線の位置関係から売買ポイントを分析することができるようになります。株価が上昇すれば上昇するほど、株はまだまだ値上がりすると考えて高値づかみをしたり、売り時を逃してしまいがちです。もし、あなたが感情をコントロールできないのであれば、売買の参考にグランビルの法則を活用してもいいかもしれません。

- グランビルの法則は株価と移動平均線の位置関係から売買ポイントを分析する
- 買い法則と売り法則はそれぞれ4つある
- 買い法則は上昇トレンドが基本になる
- 売り法則は下落トレンドが基本になる

paragraph-4
株式市場の勢いを把握できる出来高分析

　株の取引がどの程度行われたのかを表しているのが出来高です。出来高の変化を見ることで、株価が強い状態にあるのか、それとも弱い状態にあるのか、株価は今後どう動くのかを分析できます。

出来高の変化で投資家心理を分析する

　株を買いたい人と、株を売りたい人がいて、株の取引が成立します。一つの銘柄を売買した人が、一定期間にどれだけいたのかを表した株価チャートが出来高です。売買高とも言います。

　一般的に、人気のある株は、それを売り買いしたいと考える人が多くいますので出来高は増加します。反対に、人気のない銘柄の場合には売り買いしたいと考える人が少なくなり、出来高は減少します。閑散している、というふうにも言います。出来高を見ることで、相場の地合い、つまり勢いを把握することができます。

　一般的に、株式相場が上昇している時には、「株価はまだまだ上がるだろう」と考える投資家が増えて、買い意欲が旺盛な状態になります。買い意欲が旺盛になれば、株の取引数がどんどん増えていきますから出来高は増加します。出来高がどんどん増大しているということは商いが活況である、つまり地合いがいいということになります。

　反対に、株式相場が下落している時には、「株価はもっと下がるかもしれないから、取引は控えよう」と考える投資家が増えます。「株価が下落するならもう少し安くなるまで様子を見よう」などと株の取引を控える投資家が増えますので、買い意欲は後退した状態になり、出来高は減少します。

株価と出来高には一般的に、
①**出来高が株価に先行するケース**
②**出来高と株価が同時並行するケース**
③**出来高が株価に遅行するケース**
の関係があります。

①の出来高が株価に先行するケースや、③の出来高が株価に遅行するケースでは、株価が長期にわたって低迷している時に、少しずつ出来高が増えて上昇に転じる場合や、株価がじりじりと下落していく時に少しずつ出来高が減少していく場合があります。

また、②の出来高と株価が同時並行するケースには、125ページで解説している幾つかのチャートパターンをブレイクするタイミングで現れることがあります。一般的に、株価がこれまでのトレンドをブレイクする場合には、出来高は大きくなります。

この他、株価が大きく下落すると、「株価は安値水準になったのではないか」と考える投資家が増え、出来高を伴って株価が下げ止まることがあります。繰り返しになりますが、株価が出来高を伴って底を打つ状況のことを「**セリングクライマックス**」と言います。

一方、株価が大きく上昇した場合には、「株価は割高だ」と考える投資家が増える一方で、「まだまだ上がるだろう」と予想する投資家も増えてきますので、株の取引は増大します。株価の底打ちの場合と同様に、出来高の増大とともに株価が天井を打ちます。

このように出来高は人の心理状態を表していますから、その推移を見ることで今後の株価の動きを分析することができます。出来高に変化が生じ始めていないか、常に確認をしておくことが大切です。

出来高の増減で
株価のトレンドが発生する

「三菱UFJフィナンシャル・グループ（8306）」の株価チャートで出来高を見てみましょう。図表27をご覧ください。出来高は、下に追加で

図表27 株価の動きと出来高の関係

出典：SBI証券サイト画面

表示されている株価チャートです。

株価は2015年末あたりから下落トレンドにあることが分かります。株価が下落する**1**の局面では、株価がどこまで下がるのか様子を見たいと考える投資家が増えていきます。そのため、出来高はじりじりと減少傾向にあることがわかります。

しかし、株価が一度下げ止まった後に再び下落する**2**の局面では、出来高が少しずつ増加に転じ始めています。**1**の時に比べて株価は安い状態にありますから、値ごろ感からそろそろ株価が下げ止まるのではないか、と買いを考える投資家が増えてきていることがわかります。

そして、**3**の底を打つ時には、「そろそろ底打ちが近づいているのではないか」と考える投資家が急増し、また、「もうこれ以上株価が下落したら苦しいから株を投げて損切りをしよう」と考える投資家が増えたために出来高が最も増大しました。そのためここが「セリングクライマックス」になりました。

さらに、株価が上昇した❹の場合には、「まだまだ株価は上がるだろう」と考える株主が増えたために取引が活況となり、株価は出来高を伴って天井を打っています。

❷の株価が下落する局面では、底打ちまでにしばらく時間がかかっています。しかし、出来高が徐々に増加している流れを見ていると、株価を割安水準だと考えている投資家が少しずつ増加していることがわかります。

反対に、❹の株価が上昇した局面では、出来高が突出して増大しています。セリングクライマックスとなった❸の場合でも、出来高が突出している様子を見れば、天井を打つ（もしくはレンジをブレイクする、底を打つ）可能性があるのではないか、と分析することができます。

出来高は投資家の心理を反映したテクニカル指標です。出来高の動きに変化がないかを日々確認しておくことが大切です。

POINT

- 出来高が少ない時は、取引が少ない証
- 出来高が増加する時は、取引が増えている証
- 出来高の増大とともに、株価は天井や底を打つ傾向にある

paragraph-5
ボリンジャーバンドでは株価の9割がバンド内に収まる

　過去の変動幅から現在の株価がどの程度の水準にあるのかを表したテクニカル指標がボリンジャーバンドです。トレンド系のテクニカル指標でありながら、オシレーター系のテクニカル指標としても機能します。

株価の9割以上がバンドの範囲内に収まることが多い

　トレンド系のテクニカル指標の一つに、ボリンジャーバンドがあります。ボリンジャーバンドは移動平均線と標準偏差で構成されていて、**真ん中にある移動平均線をミッドバンド**（25日移動平均線）と言います。このミッドバンドを中心に、そこから上下外に広がる5本（もしくは7本）の線で構成されています。

　図表24をご覧ください。上下外に広がる5本（もしくは7本）を具体的に表すと、ミッドバンドを中心に上がプラス圏、下がマイナス圏になり、ミッドバンドから外側に向けて、プラス・マイナス1σ、プラス・マイナス2σ、プラス・マイナス3σとなります。

　株価は通常、プラス・マイナス2σの中に収まる確率が95％程度、プラス・マイナス3σの中に収まる確率が99％程度とされています。過去の株価の動きから算出されるので絶対に株価がその範囲に収まるというわけではありませんが、それでもプラス・マイナス3σから株価が外れるということは、かなり極端な事態であるということは想像に難くありません。

　ちなみに、標準偏差とは、膨大なデータがある時にそのデータが平均からどの程度ばらついているのかを表す統計で使われる用語です。ばらつきの集まる確率をσで表します。

| 図表24 | ボリンジャーバンドの仕組み |

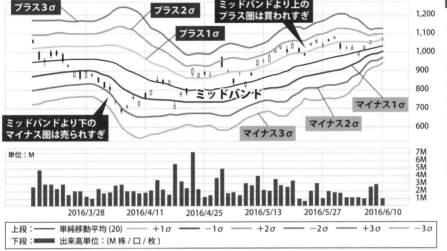

出典：SBI証券サイト画面

株価とミッドバンドの位置関係で 過熱感を見る

　ボリンジャーバンドでは基本的に、株価は真ん中にあるミッドバンドを中心とした変動幅の中に収まる確率が高いとされています。ですから、ミッドバンドから上下に離れたらいずれ再びミッドバンドに戻ってくると考えられます。

　株価がミッドバンドからプラス（上）の位置にある場合、プラス2σに近付けば近付くほど買われすぎになります。反対に、マイナスの位置にある場合には、マイナス2σに近付くほど売られすぎとなります。

　株価がミッドバンドよりも下に動いて、マイナス2σに近付けば売られすぎになりますから買い時が近づいていると分析することができます。反対にミッドバンドよりも上に動いて、プラス2σに近付けば買われすぎなので売り時が近づいているというように、逆張りのサインとして使

うことができます。

ボリンジャーバンドを実際の株価チャートで見てみよう

　NEXT NOTES　日経・TOCOM原油ダブル・ブルETN（2038）の株価チャートで、具体的にボリンジャーバンドを見てみましょう。株価チャートに表示されているボリンジャーバンドは、ミッドバンドを中心にプラス・マイナス３σまで表示されています。

図表25　ボリンジャーバンドで売られすぎか買われすぎかを判断

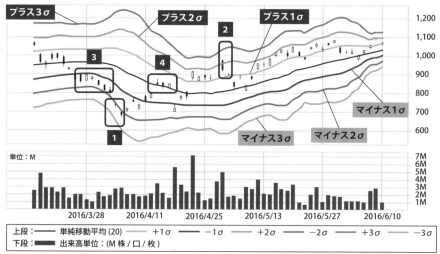

出典：SBI証券サイト画面

　図表25の株価チャートを見てみると、プラス・マイナス３σのバンドから株価がはみ出ていることはありませんが、**1**の時にはマイナス２σからはみ出していることがわかります。そして**2**の時にはプラス２σからはみ出していることがわかります。３カ月間の中でもわずか２回しかプラス・マイナス２σからはみ出していないことから、ボリンジャー

バンドのプラス・マイナス2σもしくは3σのバンドの外に株価が出てしまうということは相当な確率であるということがわかります。

1の時の株価は、ミッドバンドよりも下に位置しているため売られすぎの状態であると考えることができます。いずれ反発するだろう可能性を想定して逆張りのサインとして買いサインと判断することができます。

次に、**2**の時の株価は、ミッドバンドを超えて上に位置しているため買われすぎの状態であると考えることができます。いずれ売りが増えて反落する可能性があることを想定できます。利益確定もしくは戻り売りと判断することができます。

このように**1**と**2**の場合には、逆張りのサインがうまく機能しています。だからと言って、逆張りのサインがいつもうまく機能するわけではない点には注意が必要です。

3の株価を見てみると、株価はマイナス2σに近付いてきています。逆張りサインで言えば、買いサインになります。しかし、その後の株価を見てみると、株価はそのまま下落しています。つまり、マイナス2σまで株価が下落したからと言って、必ず株価は上昇に転じるわけではないということがわかります。

また、**4**の株価を見てみると、ミッドバンドを少し超えただけで株価は再び下落しています。つまり、ミッドバンドを株価が超えたからといって、そのまま株価がプラス2σのあたりまで上昇していくとは限らないという点にも注意が必要です。

バンドの幅が一定の時は スクイーズと呼ばれる

なぜ、逆張りのサインがいつも機能するわけではないのでしょうか？
ボリンジャーバンドの全体を見てみましょう。次ページの図表26をご覧ください。

バンドの幅が広くなったり、狭くなったりしている他、横向きになったり、斜めになったりして、バンドの幅や方向性が変わっていることが

バンドの幅や向きでトレンドを把握する

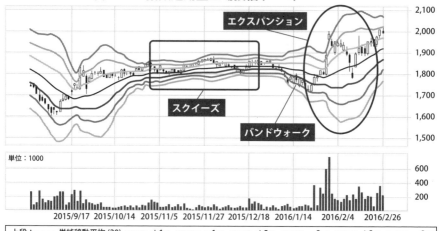

出典：SBI証券サイト画面

わかります。

　ボリンジャーバンドでは、**バンドの幅や向きが変化していますので、このバンドの変化をとらえることで、株価のトレンドを把握することができる**のです。

　一般的に、株価の値動きが小さい場合や、株価が一定の範囲内で動いている場合にはバンドの幅は縮小傾向となり、もみ合い、ボックス相場での推移となります。この状態のことを「**スクイーズ**」と言います。

　ボリンジャーバンドがスクイーズの状態にある時は、バンド自体が上値抵抗線（レジスタンスライン）、下値支持線（サポートライン）として機能することが多くあります。具体的には、株価がボックス相場で推移している時は、マイナス2σに近付いたら買いサイン、プラス2σに近付いたら売りサイン、というふうに逆張りサインとして機能します。

　ボックス相場で動いていた株価が、上下どちらかのバンドをいずれは突き抜けます。この場合には、株価のトレンドが変化する確率が高くな

る、つまり、レンジを上下どちらかにブレイクしたことで、新たに株価のトレンドが発生した可能性が高くなります。

バンドの幅が拡大する時は
エクスパンションとよばれる

　一方、株価の値動きが大きい場合にはバンドの幅は拡大傾向となり、トレンドを形成している状態になります。これを「**エクスパンション**」と言います。

　そして、バンドが拡大した方向に沿って株価が動くことを「**バンドウォーク**」と言います。株価のトレンドが発生している場合には、逆張りサインとしてボリンジャーバンドを利用するのではなく、新たに発生したトレンドに合わせてトレンドをフォローした取引をしていくことが大切です。

　例えば、新たに発生した株価のトレンドが下落トレンドだった場合に、逆張りサインとして買いの取引を行ったとします。

　しかし、株価はバンドウォークしながら下落トレンドに沿って下落していく確率が高いですから、株を買った後に株価はさらに下落して、損

ボリンジャーバンドの計算式

```
ミッドバンド：単純移動平均線＝過去 N 日間の移動平均線
　　　　　　（通常 20 日間移動平均線）
上部バンド：単純移動平均線 +2 標準偏差（σ）
下部バンド：単純移動平均線 -2 標準偏差（σ）


標準偏差（σシグマ：Standard deviation）
　：ボラティリティー（volatility 予想変動率）
標準偏差＝√（期間×期間内の終値の 2 乗の合計－期間内の終値の
　　　　　合計の 2 乗）÷（期間×（期間－ 1））
```

失が発生する確率が高くなります。つまり、下落トレンドが発生している時は、安易な買いトレンドにさからっているのです。

バンドが収縮している時（スクイーズ）は、株価のトレンドが上下どちらかに発生します。株価が今後どのように動くのか、トレンドの発生に注目している投資家も多くいます。株価のトレンドがどうなるかは株価が動いてみないとわかりませんから、他のテクニカル指標と併用して売買サインを分析していくことが大切です。

- 株価がバンドの外側に逸脱するのは異例の事態である
- バンドが上値抵抗線、下値支持線として機能しやすい
- バンドが収縮している場合には、ボックス圏で株価が推移する確率が高いので、逆張りのサインが機能しやすい
- バンドの幅が拡大した場合には、新たなトレンドが発生する確率が高いため、トレンドに沿った取引を心掛ける

paragraph-6
見た目がわかりやすい一目均衡表

　一目均衡表は一目山人（ペンネーム）という人が開発した日本初のテクニカル指標です。一目均衡表のチャートは、転換線、基準線、先行スパン1、2や遅行スパンといった5つの線で構成されています。

一目均衡表を構成している
それぞれの線を覚えよう

　一目均衡表とは、株価を表すローソク足の他に、**転換線、基準線、遅行スパン、先行スパン1、先行スパン2**という5つの線で構成されるチャートです。それぞれの線がどのようにして算出されているのかは、下にある計算式を参考にしてください。計算式を見ても表示される線が多いことがわかります。

　この株価チャートの見た目は線が多いため少し複雑そうに見えますが、他のテクニカル指標と違って時間の分析を行うことができるというメリットがあります。

　次ページの図表27をご覧ください。まずは、それぞれの線の意味を確認しておきましょう。

　株価に最も近い所に位置している線が**転換線**です。そして、それを追

一目均衡表の計算式

転換線＝当日を含む過去9日間の中値（高値＋安値）÷2
基準線＝当日を含む過去26日間の中値（高値＋安値）÷2
遅行スパン＝当日を含む26日過去
先行スパン1＝（転換線＋基準線）÷2
先行スパン2＝（過去52日間の高値＋安値）÷2
（先行スパンとしては当日を含む。26日先に記入）

いかけるように推移している線が**基準線**です。最も遅れて表示される線が**遅行スパン**で、算出した数値は当日を含む過去26日に位置します。そして、株価チャートの中にあるグレーの色のついた部分（先行スパン1と先行スパン2の2本の線の間）が**抵抗帯**＝**雲**と言います。

雲を構成している先行スパン1と先行スパン2は、当日を含む26日将来に位置します。計算式はそれぞれ異なりますので、株価の動向次第で先行スパン1と先行スパン2の位置関係は常に変化します。それぞれの線が変化することで、雲の大きさが厚くなったり、薄くなったりします。

先行スパン1と先行スパン2は常に同じ位置関係にあるわけではありませんので、先行スパン1と先行スパン2の位置関係、つまり上下が入れ替わる、つまり交差する時があります。この交差するタイミングが**変化日**と言われていて、株式市場のターニングポイントになりやすいとされています。

図表27 一目均衡表の構成

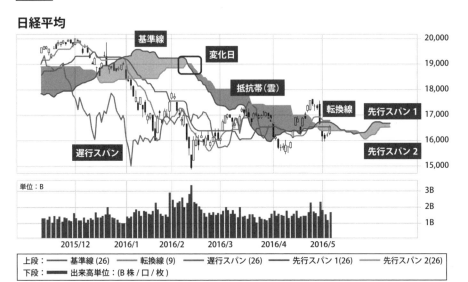

出典：SBI証券サイト画面

一目均衡表特有の抵抗帯を売買サインとして活用しよう

　転換線と基準線は時間軸の異なる移動平均線のようなものです。図表28を見てください。転換線が基準線を上に突き抜ける交差（クロス）するタイミングを買いサインとします。反対に、転換線が基準線を下に突き抜ける交差（クロス）するタイミングを売りサインとします。移動平均線の時に解説したゴールデンクロス、デッドクロスのようなイメージです。

　また、雲は上値抵抗線や下値支持線の役割を果たしています。一般的に、**雲が厚い場合には抵抗力が強い**とされ、**雲が薄い場合には抵抗力が弱い**とされています。

　具体的には、雲の下に株価がある場合は、雲が上値抵抗線として機能します。逆に、雲の上に株価がある場合は、雲が下値支持線として機能します。そのため、雲が下値支持線や上値抵抗線となって、株価が跳ね

図表28　一目均衡表の売買サイン①

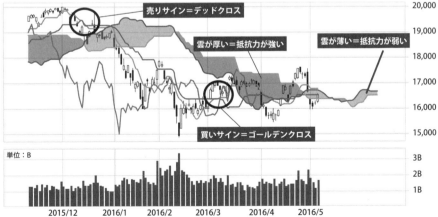

出典：SBI証券サイト画面

返されることもあります。しかし、この雲に跳ね返されずに株価が突き抜ける場合は、それだけ株価のトレンドが強いということを表しています。

図表29をご覧ください。具体的には、株価が雲の下方に位置している状態から雲を上に突き抜けると買いサインになります。反対に、株価が雲を下に突き抜けると売りサインになります。

この他、遅行スパンと株価との位置関係によっても大まかなトレンドを確認できます。株価が上昇トレンドにある場合、遅行スパンは株価の上方に位置することになりますし、下落トレンドにある場合は遅行スパンは株価の下方に位置します。

図表29　一目均衡表の売買サイン②

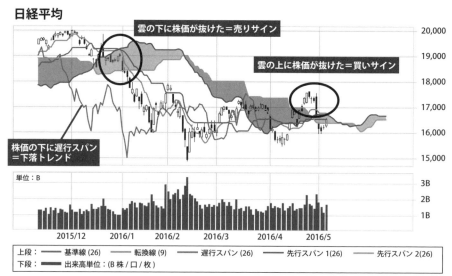

出典：SBI証券サイト画面

代表的な買いサインである三役好転

一目均衡表の代表的な買いサインとしては、次の三つがあります。

1. 株価が雲を下から上に突き抜け
2. 転換線が基準線を下から上に突き抜け
3. 遅行線が26日前の株価を上に突き抜けた

図表30をご覧ください。1 2 3の買いサインが出ていることがわかります。この場合は、「三役好転」という買いサインです。

図表30 一目均衡表の買いサイン三役好転

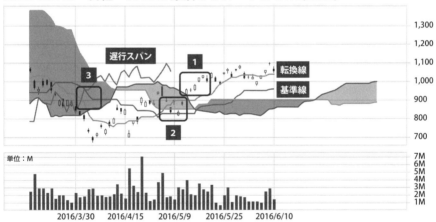

出典：SBI証券サイト画面

代表的な売りサインである三役逆転

反対に、代表的な売りサインとしては以下の三つがあります。

1 株価が雲を上から下に突き抜け
2 転換線が基準線を上から下に突き抜け
3 遅行スパンが26日前の株価を下に突き抜けた

図表31をご覧ください。三役好転の反対の事象であり、「**三役逆転**」という売りサインです。三役好転と三役逆転は比較的長いトレンドではありますが、代表的な売買サインですから覚えておきましょう。

図表31 一目均衡表の売りサイン三役逆転

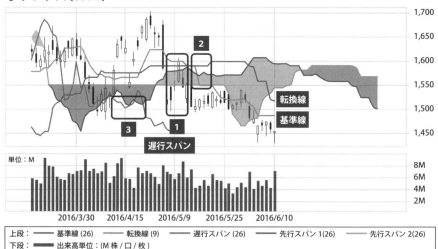

出典：SBI証券サイト画面

一目均衡表で株価を
どう分析したらいいのか

　どのように一目均衡表を活用したらいいのか、日経平均株価の株価チャートで具体的に見てみましょう。図表32をご覧ください。

　1と2のタイミングは、先行スパン1、先行スパン2の線で構成されている雲が交差しています。これは先行スパン1、2の線自体が入れ替わるため、変化日になります。1と2の場合、株価は変化日でいったん下げ止まっていることがわかります。いつも正確に機能するわけではありませんが、一目均衡表の株価チャートを見れば、変化日がいつ頃なのかは、ある程度は分析することができます。

　さらに、1と2の時は、株価が弱い状況である「三役逆転」の形状になっています。1は転換線が基準線を上から下に突き抜けています。4では反対に転換線が基準線を下から上に突き抜けています。つまり、買

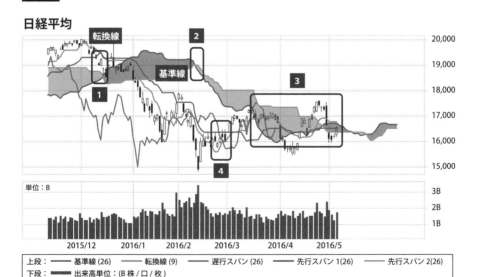

図表32　実際のチャートで一目均衡表の売買サインを見てみよう

069

いサインと分析できます。

　また、❸のタイミングでは、雲が厚い時には抵抗帯として機能していましたが、中ほどで下に突き抜けました。また、雲が薄くなった時には抵抗力が弱くなったようで、株価は上に突き抜けました。抵抗帯（雲）は下値支持線や上値抵抗線のように、株価への抵抗力として活用することができます。

　一目均衡表の、先行スパン1、先行スパン2、遅行スパンというのは他の株価チャートにはない線が表されます。ぜひ、株取引に活用してみましょう。

- 先行スパン1と2で抵抗帯（雲）が形成されている。
  抵抗帯は、その厚さで、抵抗力やサポート力を分析できる
- 先行スパン1と2が交差するタイミングを変化日という
- 遅行スパンと株価の関係でトレンドを確認できる
- 転換線と基準線が交差するタイミングが売買サインとして活用できる

第3章

オシレーター系のテクニカル指標の使い方

MACD
RSI
RCI
ストキャスティクス
移動平均線乖離率

paragraph-1
オシレーター系とトレンド系を併せ持つMACD

　単純移動平均を補うために作られたテクニカル指標がMACDです。2本の線で表示されていて、わかりやすいですから、単純移動平均線を補うテクニカル指標として活用しましょう。

MACDとシグナルの2本の線で表される

　オシレーター系のテクニカル指標では、株が買われすぎの状態か、売られすぎの状態か、株価の過熱感を分析することができます。MACD（マックディー）は代表的なオシレーター系のテクニカル指標の一つです。

　MACD（Moving Average Convergence and Divergence）は、**MACD**という線と**シグナル**という2本の線で構成されます。この2本の線の位置で過熱感を見たり、2本の線が交差（クロス）するタイミングで売り時、買い時を分析したり、2本の線の方向性から株価のトレンドを分析することができます。別名、**移動平均収束拡散法**とも言われます。

　MACDの2本の線は指数平滑移動平均が使われています。短期指数平滑移動平均がMACDになり、長期指数平滑移動平均がシグナルになります。MACDとシグナルのそれぞれの線がどのようにして算出されているかは、次ページの計算式を参考にしてください。

　株価は一般的に、過去の動向よりも直近の変化を重視して動きます。そのため、過去の株価よりも現在の株価のほうが影響力が高いという観点から、直近の株価に重きを置いて計算したものが指数平滑移動平均です。単純移動平均での欠点を補うために作られたテクニカル指標になります。

　MACDはオシレーター系のテクニカル指標でありながら、分析の仕

方によってはトレンド系のテクニカル指標の特徴も併せ持つ、大変優れたテクニカル指標と言えます。

MACDの計算式

MACD＝12日EMA－26日EMA（EMA＝指数平滑移動平均線）

シグナル＝MACDの9日移動平均線

＊EMA＝前日のEMA×（1－α）＋当日の指数×α
＊α＝2÷（n+1）
＊n＝平均日数
⇒直近の株価にウエイトをおいて算出している。

代表的な売買サインは
ゴールデンクロスとデッドクロス

日経平均株価の株価チャートで、具体的にMACDを見てみましょう。図表33をご覧ください。ローソク足の下に追加指標として表示される

図表33 MACDの株価チャートの構成／売買シグナル

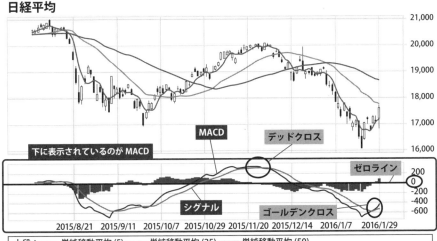

出典：SBI証券サイト画面

株価チャートがMACDです。上のローソク足が単純移動平均になります。

　基本的な動きとしては、短期指数平滑移動平均のMACDが先に動き、その後を追いかけるように長期指数平滑移動平均のシグナルが後から動きます。

　移動平均線と同じように、MACDがシグナルを下から上に突き抜けると**ゴールデンクロス**で買いサインになります。反対に、MACDがシグナルを上から下に突き抜けると**デッドクロス**で売りサインになります。

　この他には、中央値をゼロ（0）としていて、ゼロの線を**ゼロライン**と言います。ゼロラインよりも上にMACDがある場合には株は買われすぎの状態にある、下にある場合には株は売られすぎの状態にある、というふうに分析することができます。

MACDと移動平均線の動きの違いを理解しよう

　どのようにMACDを活用するのか、具体的に株価チャートで確認してみましょう。図表34をご覧ください。

　上に表示されている単純移動平均線とローソク足を見ると、**①**の所でゴールデンクロスが現れています。その時のMACD（下側）を見てみましょう。単純移動平均の数日前に1回目のゴールデンクロスが現れていて、**①**のあたりでデッドクロスが出た後、ふたたびゴールデンクロスになっていることがわかります。この場合は、短期間でデッドクロスとゴールデンクロスの両方が現れました。

　ゴールデンクロスした後の2本の線の向きですが、上向きであることがわかります。つまり、株価のトレンドは上昇だと分析できます。

　次に、**②**の単純移動平均を見てみましょう。**②**ではデッドクロスが現れていることがわかります。この時のMACDを見てみると、その数日前にデッドクロスが現れていることがわかります。そして、デッドクロスした後に2本の線は下向きになっていますので、株価のトレンドは下

MACDのゴールデンクロスとデッドクロス

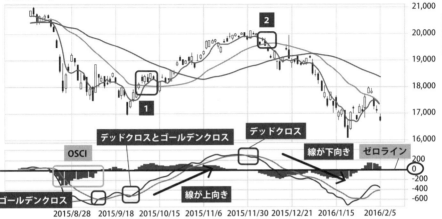

出典：SBI証券サイト画面

落だと分析できます。

　このようにMACDでは、株価の方向性に合わせて、2本の線も向きが変化します。上昇トレンドであれば2本の線は上向きに、下落トレンドであれば下向きに、というようにです。

　MACDで表示される2本の線の動きを見ると株価にトレンドが出ている時に機能しやすいテクニカル指標だと考えることができますから、逆にトレンドが出ていない時や、小動きの時には、2本の線は方向感を失ってしまい、絡み合ってしまい、あまり機能しないこともあります。株価の動向やトレンドに合わせて、MACDを活用するようにしましょう。

　ところで、MACDのゴールデンクロスとデッドクロスは、単純移動平均線よりも早いタイミングで売買サインが現れることがわかります。

075

これは73ページのMACDとシグナルの計算式を見るとわかりますが、単純移動平均線の欠点を補うために、直近の株価に比重を置いて算出する計算式になっているため、直近の株価動向を反映しているからです。

　単純移動平均線がクロスするシグナルだけで売買タイミングを分析すると、どうしても売買サインが遅れて現れがちです。MACDを併用した方が、より一層精度の高い分析ができるようになります。

　例えば、株価が上昇する過程で、MACDとシグナルがデッドクロスしそうに見えても、結局クロスしないまま再び、2本の線が上昇する場合もあります。前述しましたが、その場合は、直近の株価が強いということの証ですから、それだけトレンドが強いということです。

　確認する流れとしては、2本の線がクロスするかを確認すると同時に、株価の動きも確認します。その後に、単純移動平均でも株価のトレンドを確認するというように、他のテクニカル指標も併用して分析します。

MACDのゼロラインを基準に株価の過熱感を見よう

　次に、MACDの真ん中の所である0の所、ゼロラインの横の所に線を引きました（図表34参照）。MACDとシグナルの2本線がゼロラインより上にあるということは、株価は買われすぎの水準であると分析できます。買われすぎの水準にあるということは利益確定の売りに押されるわけですから、いずれこの2本の線はデッドクロスすることになります。

　反対に、2本の線がゼロラインより下にあるということは、株は売られすぎの水準であると分析できます。売られすぎということは株価が安いと判断されるようになってくれば自然と買いが増えてきますから、いずれ2本の線はゴールデンクロスします。

　このようにMACDとシグナルがゼロラインに対してどの水準にあるかを知ることで、今後2本の線がどのように動くのかをある程度予測することが可能になります。

また、株価チャートによっては、MACDとシグナルの離れ具合が棒グラフで表示される場合があります。75ページの図表34のMACDの所に囲みをつけましたが、これをOSCIと言います。OSCIが大きいほど2本の線が離れているということにより、乖離の度合いの確認として利用することができます。

　MACDでは、2本の線の向きとゼロラインに対しての位置でも株価の強弱を確認できますから、2本の線がクロスした後の動きについても確認を続けることが大切です。

POINT

- MACDがシグナルを下から上に抜けるとゴールデンクロス（買いサイン）
- MACDがシグナルを上から下に抜けるとデッドクロス（売りサイン）
- 2本の線の方向性を確認する
- 2本の線が交差（クロス）するかを確認する
- 2本の線がゼロラインに対して、どの水準にあるのかを確認する

paragraph-2
株価の上昇幅で過熱感を分析するRSI

株価の上昇幅と下落幅に対する上昇分を表したテクニカル指標がRSIです。トレンドのない、もみ合い相場で機能しやすい特徴があります。トレンドがない時こそ活用しましょう。

RSIで株価の過熱感を分析する

株価は常に、上昇と下落、あるいは横ばいを繰り返しています。投資家は、株価が値下がりすれば売られすぎ、株価が値上がりすれば買われすぎ、だと考えます。株の買われすぎ、売られすぎを、過去の値動きと比較して数値化したテクニカル指標がRSI（アールエスアイ）です。

RSI（Relative Strength Index）は、過去一定期間（以下n日間）の株価の上昇幅と下落幅における、上昇分の割合を表している株価チャートです。下の計算式を見るとわかりますが、n日間の上昇幅を、上昇幅と下落幅の合計で割っていますので、上昇した値が何％あるのかを表しています。**相対力（性）指数**とも言います。

RSIはオシレーター系の代表的なテクニカル指標の一つで、株が買われすぎか、売られすぎかを分析するために利用することができます。

オシレーター系のテクニカル指標では、株価が上昇から下落に変化するタイミングや、下落から上昇に変化するタイミングを比較的早い段階でとらえることができます。ですから、株価が一定の幅の範囲内で変動しているもみ合い相場（横ばいトレンド）や、株価が下落する際の短期的なリバウンド局面で利用すると、売買サインが有効に機能しやすいと

RSIの計算式

> RSI＝n日間の上昇幅の合計÷（n日間の上昇幅合計＋n日間の下落幅合計）
> ⇒n日間の値動きの中で、上昇した値が何％あるのかを表している。

されています。

その一方で、株価が上昇もしくは下落トレンドにあるトレンドがはっきりと出ている場合には、売買サインの信頼性が低くなるとされています。

買われすぎは70％以上
売られすぎは30％以下

日経平均株価の株価チャートでRSIを見てみましょう。図表35をご覧ください。ローソク足の株価チャートの下に、追加指標として表示される株価チャートがRSIです。

RSIの数値は、右端に縦軸のメモリで表示されていますが、0％から100％で表されます。RSIは1本の線で表示されます。株価が上昇するとRSIの数値も上昇していきますので、RSIが表示されている線は上に向かって動いていきます。反対に株価が下落するとRSIの数値は下落

図表35 RSIの株価チャートの構成

出典：SBI証券サイト画面

していきますので、RSIが表示されている線は下に向かって動いていきます。

　RSIは一般的には、「30％以下になると売られすぎ」「70％以上になると買われすぎ」と言われています。わかりやすいように、30％と70％の所に横線を引いてみました。RSIが30％を下回ったり、70％を超えている場合が少なく、大半が30〜70％の間にあることがわかります。つまり、30％を下回る時や70％を上回る時はそう多く現れないタイミングであることがわかります。

過去の値動きと比較して、RSIで分析してみよう

　日経平均株価でRSIをどのように分析したらいいのかを具体的に見てみましょう。図表36をご覧ください。RSIの動き全体を見ると、売

図表36　RSIの売買シグナル

出典：SBI証券サイト画面

られすぎである30％以下や、買われすぎの70％以上に位置しているケースに囲みをつけました。半年間という時間にもかかわらず、70％以上や30％以下の水準にRSIが位置することは、かなり少ないということがわかります。

　1の場合、株価は高値圏にありますので、その時のRSIは70％を超えています。この場合は、単純に「株価は高値圏にあるから買われすぎ」と判断することができます。

　次に、**2**について見てみましょう。**2**では、株価が高値から下落してきて、その後は上昇と下落を繰り返しながら、さらに値下がりしていることがわかります。株価は最も安い水準ではありませんが、RSIは、30％を下回っています。RSIは過去n日間に対して株価が下がりすぎということを表していますので、例えば**1**に比べると株価が下がりすぎの状態だと判断されます。そのため、RSIが30％を下回っている状態になります。

　ところで、この**2**以降、株価がさらに値下がりしているにもかかわらず、RSIの数値は30％を超えて上昇したり、下落したりしている様子がわかります。株価がまだ下落トレンドが継続しているにもかかわらずRSIが上昇してしまうのは、過去n日間に対してRSIが算出されているから上昇してしまうのです。このような現象を「**ダイバージェンス**」と言います。**3**についても同様です。株価が上昇を続けているにもかかわらず、RSIは70％を下回ったり上回ったりしています。

　このように下落トレンドや上昇トレンドが出ているような場合については、オシレーター系のテクニカル指標、例えば、RSIの株価チャートだけを利用して、株価の過熱感を分析することには注意が必要です。RSIがいつも正しく機能しているわけではない現象があることを理解できたでしょうから、トレンド系のテクニカル指標や他のオシレーター系のテクニカル指標を併用して、株価を多方向から分析することが大切です。

　4については、過去n日間に対して株価は下がりすぎというふうに分析することができますから、30％を割り込んできた時に短期的な逆張

りの取引に活用することができます。ただし、株価チャートを見てわかりますが、リバウンドで株価が上昇する期間はとても短いわけですし、買われすぎだからと言って70％を超えるわけではありませんから、躊躇することなく株を売却しなければなりません。万一売却できなかった場合は、株価は再び下落していますので損失が発生してしまいます。損失が発生するという最悪な場合に備えて、ロスカット（損切り）のための逆指値注文を入れておいた方が安心でしょう。

　5については、株価が底を打つかなり前から、RSI が30％を下回っていることがわかります。過去 n 日間に対して下落が大きいために RSI が売られすぎの水準になってしまっている状態です。このような場合、単純に RSI が30％を下回ったから売られすぎの水準になったと考えて、早い段階で判断して株を購入してしまうと、その後もどんどん株価が下落してしまい、損失が発生します。

　このように下落トレンドが出ている場合にも、RSI がいつも正しく機能するとは限りません。トレンド系のテクニカル指標や他のオシレーター系のテクニカル指標を併用して、RSI は30％を下回っているけれども売られすぎのタイミングとして適切かを多方向から判断するようにしましょう。

分析で使う数値を
スクリーニングで活用してみよう

　RSI では売られすぎか買われすぎかの分析だけでなく、株価が買い基調なのか、売り基調なのかを判断することも可能です。具体的にどのように分析するとかというと、RSI は100％で表示されますので、50％を基準に50％以上が買い優勢、50％以下が売り優勢というふうに分析できます。

　なお、スクリーニングやシステムトレードで RSI を使う場合には、30％と70％の数字を基準に数値の設定をするとよいと個人的には考えています。というのも、売買サインの精度を高めたいからと、20％、80

％と数値をきつくしたとします。RSIの株価チャートを見てわかりますが、30％を下回って20％に近づくことも、70％を上回って80％に近づくことも頻度としてはかなり少ないと言えます。つまり、それだけ売買サインが出にくくなるため、トレード機会の損失になるからです。トレード機会をとるか、それとも売買サインの精度をとるかという選択にはなりますが、トレード機会が多い方が負ける機会も増えますが、勝つ機会も増えるわけです。

いずれにしろ、株式市場全体の地合いや個別銘柄の株価動向に合わせて、今RSIを使うことが最適な局面なのかを考えながら、他のテクニカル指標と使い分けていくことが大事です。

POINT

- 70％以上は買われすぎ
- 30％以下は売られすぎ
- 50％を基準に、買われすぎ、売られすぎに分けられる
- トレンドが出ていない、横ばいトレンドの時に機能しやすい

paragraph-3

株価の上昇幅を順位付けするRCI

　株価の変動幅を比較する際に、上昇に重きを置いて順位付けして過熱感を分析するテクニカル指標がRCIです。トレンドが出ている場合に機能しやすいですから、RSIと併用して活用できます。

順位を分析にとり入れることでモメンタムを分析する

　RCI（Rank Correlation Index：アールシーアイ）はRSI同様、株価の過熱感を分析する際に利用するオシレーター系のテクニカル指標です。**順位相関係数**とも言います。

　名前に順位が入っている理由は、計算式に順位付けの概念を取り込んでいるからです。価格は、過去n日間の終値を高いものからランキングし、日付（時間）は当日を1として過去にさかのぼってランキングします。

　下の計算式を見てわかる通り、日にちと価格の変動の関係を比較する時にランキング、つまり順位という視点を取り入れたものがRCIです。順位をつけることで、相場の雰囲気や勢い、つまりモメンタムを取り入れています。

　RSIと同様、オシレーター系の代表的なテクニカル指標の一つで、株が「買われすぎか」「売られすぎか」を分析するために利用することが

RCIの計算式

$$RCI = \langle 1 - \{6d \div n(n^3 - n)\} \rangle \times 100$$

d：日付の順位と価格の差を2乗し、合計した数値

n：期間

　⇒過去n日間の終値を株価の高いものからランキングし、その順位と計測時の時間順位を比較することで相場のモメンタムを推定する。

できます。ローソク足の下に追加指標として表示される株価チャートです。見た目は RSI に似ていますが、計算式を見てわかる通り使い方は全く異なりますから、使い方を間違えないようにしましょう。

0 を基準に買われすぎか売られすぎかを分析する

　具体的に RCI の株価チャートを見てみましょう。図表 37 をご覧ください。ローソク足の下に追加指標として表示される株価チャートが RCI です。RSI と似ていますから、違いをしっかりと確認しておきましょう。

　RCI は 1 本の線で表され、右端の囲みの数値を見るとわかりますが、0 を基準にしてプラス 100％からマイナス 100％までの数値で表されます。一般的に、価格が上昇すれば RCI は 100％に近付き、反対に、下落すればマイナス 100％に近付きます。そして、0 を基準に 100 に近付くほど買われすぎの状態になり、反対に、マイナス 100 に近付くほど売られすぎの状態になります。

図表37　RCI の株価チャート構成

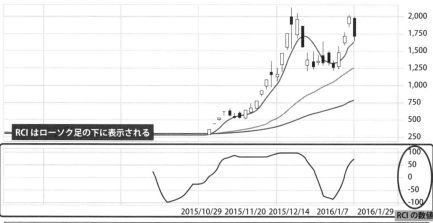

出典：SBI 証券サイト画面

考え方としては、時間が新しく価格が高ければ、順位は1番になります。単純に、価格が高い日が続くと、RCIの数値はどんどん100％に近付いていきます。つまり上昇トレンドが続いていることを表しています。反対に、価格の安い日が続くとRCIの数値はどんどんマイナス100％に近付いていきます。つまり下落トレンドが続いていることを表示しています。

上昇でも下落でも
株価のトレンドの強さを表す

　次に、RCIを使って株価をどのように分析したらいいのかを見てみましょう。図表38をご覧ください。
　RCIの動き全体を見ると、売られ過ぎであるマイナス100％あたりや、買われすぎの水準であるプラス100％あたりにRCIが位置している状態

図表38　RCIの売買サイン（上昇トレンド）

出典：SBI証券サイト画面

は、かなり少ないということがわかります。

　RSIでは、単純に株価の上昇がどれだけあるのかを表していたため、株価にトレンドが出ていない時に機能しやすく、逆に、トレンドが出始めると機能しにくくなるという特徴がありました。しかし、RCIは株価と日付を順位付けすることで数値に反映することができます。ですから、株価にトレンドが出ている時にも株価の過熱感をはかることができるオシレーター系のテクニカル指標になります。

　例えば、RSIで70％の数値が出るような場合でも、株価の勢いが強いと株価がさらに上昇することがあります。そして、株価が上昇しても、RSIの数値が下がってしまうこともあります。

　RCIではこのような場合、株価の高いものからランク付けを行います。そのため、株価が値上がりして勢いがある間は、RCIはプラス100％のあたりで推移します。つまり、RCIがプラス100％のあたりで推移している間は株価の勢いが強い、上昇トレンドが発生している状況なので、まだ値上がりが継続する可能性があると判断することができます。

　反対に、株価が下落する勢いが強い場合、株価の高いものからランク付けを行うため、数値はマイナスにならざるを得ません。つまり、株価が下落トレンドが続いている間は、RCIはマイナス100％のあたりで推移します。

トレンドが強いほど、上限、下限の数値に張り付きやすい

　基本がわかったところで図表38の**1**の所を見てみましょう。株価が上昇し続けている時はRCIの数値がゼロあたりから上昇し続けて、高い状態が続きます。そして、株価のさらなる上昇とともにプラス100％あたりの所でRCIが張り付いて推移している状況がわかります。

　その後、**2**のように株価が下落すると、RCIの数値も下がっていきますので、0を下回ってマイナス100％に近付きます。この株価チャートを見る限りでは、株価は再び上昇に転じていますのでRCIは再びゼロ

087

を超えて上昇しました。しかし、株価が下落を続けた場合には、下落トレンドが強い状態が継続していることになりますから、マイナス100％あたりで張り付いていきます。

　たとえば、RSIの売買サインに信頼性がおけるのか疑問を持った時には、株価にトレンドが出ているのかを把握することができるRCIを併用して利用してみるといいでしょう。RSIとRCIそれぞれの特徴を活かして使い分けることで、より株価チャートを使った分析の精度を高めることができます。

　ところで、証券会社のツールによっては、RCIが1本で表示される場合と2本で表示される場合があります。2本の場合にはクロスするタイミングで売買サインとして分析することが可能です。いわゆるゴールデンクロス、デッドクロスになりますが、100％の付近でクロスした場合にはデッドクロス、マイナス100％あたりでクロスした場合には、ゴー

図表39　RCIの売買サイン（下落トレンド）

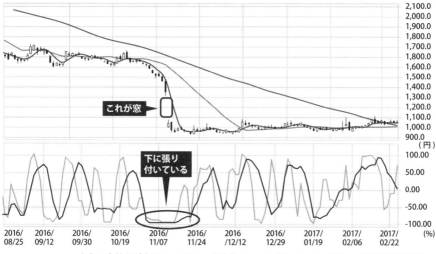

出典：会社四季報オンライン・高機能チャート（クォンツ・リサーチ株式会社提供）

ルデンクロスというように判断できます。
　RCIが2本で表示される株価チャート見てみましょう。図表39はコロプラ（3668）の株価チャートです。株価が窓を空けて下落した時、ＲＣＩが下のマイナス100％で張り付いていることがわかります。
　このように株価が下落トレンドの場合には、RCIがマイナス100％あたりで張り付くことがあることがわかります。
　なお、プラス100％あたり、もしくはマイナス100％あたりでRCIが張り付いた後は、トレンドが転換＝相場が反転しやすいと考えられます。
　RSIとRCIは、同じオシレーター系のテクニカル指標ではありますが、使い方が全く異なる株価チャートです。株価の動きに合わせて、その時々にうまく使い分けるといいでしょう。

POINT

- プラス100％以上に上昇のピーク、マイナス100％に下落のピークがある
- モメンタム（株価の勢い）が強いとRCIは一定の水準で張り付きやすく、ピークあたりで相場が反転しやすい
- 0％を境にプラス圏とマイナス圏に分けることができ、トレンドを把握することができる

paragraph-4
過去の値幅に対して現在の株価が高いか安いかを表すストキャスティクス

　過去の株価の高値と安値の値幅に対して、現在の株価が高いか安いかを表したテクニカル指標がストキャスティクスです。2本の線で表示されますので、売買サインの分析がわかりやすいのが特徴です。

ストキャスティクスには
ファストとスローの2種類がある

　ストキャスティクス（stochastics）は、株価が買われすぎか、売られすぎかを分析することができるオシレーター系のテクニカル指標の一つです。**ファスト・ストキャスティクス**と**スロー・ストキャスティクス**の2種類があります。ファスト・ストキャスティクスも、スロー・ストキャスティクスも、ローソク足の下に追加指標として表示される株価チャートで、それぞれ2本の線で表示されています。

　ファスト・ストキャスティクスは％Kと％Dで構成されています。％Kが短期、％Dが長期の線になり、長期の線である％Dが遅れて動きます。スロー・ストキャスティクスは％Dとslow％Dで構成されています。％Dが短期、slow％Dが長期の線になり、長期の線である

ストキャスティクスの計算式

➡％K＝

（直近の終値－過去n日間の最安値）
÷（同じ過去n日間の最高値－過去n日間の最安値）

➡％D＝

％Kの3日平均

　⇒ストキャスティクスの計算式の意味
　　過去の株価と比較して、現在の株価の相対的な高安を表している。

slow%Dが遅れて動きます。

　ストキャスティクスを構成している2本の線を算出する計算式を見てみましょう。%Kの計算式を見てわかる通り、過去の株価の高安の幅に対して、ストキャスティクスでは、現在の株価が高いのか安いのかを算出しています。%Dは%Kの3日間の平均になりますから、%Kに対して遅れて動きます。つまり、ストキャスティクスでは現在の株価が、変動幅に対してどのあたりに位置しているのかを分析することができます。

　なお、ストキャスティクスには、ファストとスローの2種類がありますので、どちらを使えばいいのかと悩む投資家もいるかもしれません。ファスト・ストキャスティクスは株価への反応が良すぎて指標が大きく動きすぎる傾向があります。スイングトレードなど何日か株を保有する投資スタイルであれば、スロー・ストキャスティクスを利用するのが一般的とされています。

株価が買われすぎか、売られすぎか 2本の線がクロスするか

　次ページの図表40をご覧ください。ストキャスティクスはRSI同様、0%から100%で表示されます。右端の数値になります。100%に近付くほど株は買われすぎ、0%に近付くほど株は売られすぎの水準にあると分析することができます。50%を基準として、ストキャスティクスの2本の線が高い位置にあるのか、安い位置にあるのかを分析します。

　一般的に、70%以上になると株価は買われすぎと判断することができ、売りサインになります。反対に、30%以下になると売られすぎと判断することができ、買いサインになります。わかりやすいように図表中に30%と70%の所に横線を引いてみました。

　そして、ストキャスティクスは2本の線で構成されていますから、2本の線がクロスするタイミングも売買サインになります。買われすぎの水準で、短期の線が長期の線を上から下に突き抜ければ売りサイン（デ

ッドクロス）になります。反対に、売られすぎの水準で、短期の線が長期の線を下から上に突き抜ければ買いサイン（ゴールデンクロス）になります。

 ストキャスティクスの株価チャート構成

出典：SBI証券サイト画面

ストキャスティクスでどう分析したらいいのか

　日経平均株価で、スロー・ストキャスティクスの株価チャートを見てみましょう。図表41を見てください。
　スロー・ストキャスティクスでは、短期の線が％Dになり、長期の線がslow％D（％SDやSDとも表示されます）になります。短期の線である％Dが長期の線である％SDを後から追いかける仕組みになります。
　株価がどういう位置にある時にスロー・ストキャスティクスがどう表示されているか、そして、どのような水準なのかをわかりやすくするた

めに、70％と30％の所で横線を引きました。

　株価は比較的トレンドが出ていないため、スロー・ストキャスティクスがよく機能している状態だというふうに分析することができます。一般的に買われすぎの水準とされている70％でも、売られすぎの水準とされている30％の水準でも、シグナルが比較的出ています。スローストキャスティクスが機能していると分析することができます。

　さらに、80％や20％というふうに数値をきつくすると、売買サインの信頼性は高まりますが、シグナルの出ている回数も減少してしまいます。シグナルの減少は売買回数の減少につながりますので、チャンスもその分減ることになります。

　具体的に見ていきましょう。**1**の場合には、20％を下回っていて底打ちのシグナルが出ましたが、数日後に株価のリバウンド上昇は終了してしまいました。％Ｄは70％を超えましたが、2本の線がクロスするタ

図表41　ストキャスティクスの売買サイン

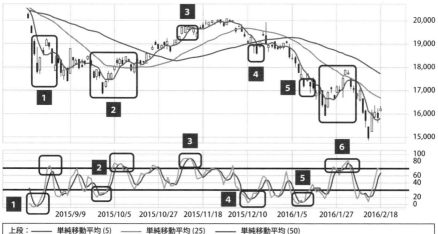

出典：SBI証券サイト画面

イミングを待っていたら、利益確定のチャンスを逃した可能性も考えられます。

つまり、逆張りの時に機能する特徴があるため、手仕舞いのサインを待ちすぎると利益確定が遅れてしまう場合もあります。売買サインを待つよりは、利益確定をあらかじめ決めておいて素早く利益確定を行うことも時には必要だと考えられます。

2の場合には、買いシグナルが出た後の数日後には売りシグナルが出ましたが、株価はその後も上昇しています。スローストキャスティクスは、30％を下回ることなく70％を超えてしまい、**3**では70％を超え、買われすぎのシグナルが出ます。しかし、株価はその後も上昇していることがわかります。株価にトレンドが発生した場合、スロー・ストキャスティクスがいつも正確に機能するわけではないことがわかります。

このように株価にトレンドが出てストキャスティクスが機能しなくなったという場合には、他のトレンド系のテクニカル指標に臨機応変切り替えることが必要になります。

4については、下落トレンド入りのタイミングで30％を下回りましたが、その後もずるずると株価は下落しています。株価はリバウンド上昇でしかありませんので、スロー・ストキャスティクスが70％を上回らなくても、数日後に素速く利益確定しなければ損失が発生してしまうことになります。

5に至っては、**6**の売りシグナルが70％を超えた所で利益が確定できても、損益的にはトントンという所かもしれません。

このように株価にトレンドが出ているか出ていないかで、ストキャスティクスのシグナルも機能したり、しなかったりというふうになります。テクニカル指標が常に正確に機能するわけではありませんから、株式市場の地合い等も参考にしながら、その都度どのテクニカル指標を利用したらいいのかを考えていかなければならないでしょう。

POINT

- 70%を超えると、株価は買われすぎで天井圏
- 30%を下回ると、株価は売られすぎで底値圏
- 50%以上は上昇エネルギーが強く、50%以下は下落エネルギーが強い
- 2本の線で構成されていて、2本の線がクロスするタイミングが売買サインになる

paragraph-5

移動平均線からの乖離で株価の過熱感を分析する

　移動平均線から株価がどれだけ離れているかで、株価が買われすぎか、売られすぎか、過熱感を分析するテクニカル指標が移動平均乖離率です。数値で表されていてわかりやすいのが特徴です。

移動平均乖離率で移動平均線からの離れ具合を分析する

　株価は一般的に、40ページで解説した移動平均線に引き寄せられるように動く習性があります。そのため、株価が移動平均線から上下どちらかに乖離したら、再び移動平均線に引き寄せられて上下どちらかに動くことが多くあります。46ページでは、グランビルの法則を解説しました。

　下の移動平均乖離率を求める計算式を見てみましょう。計算式を見てわかる通り、株価が移動平均線からどの程度離れているのかを数値化して表した株価チャートです。つまり、移動平均線からどの程度離れているかで、株が買われすぎか、売られすぎかを分析できます。

移動平均乖離率の計算式

移動平均乖離率＝（株価－●日移動平均値）÷●日移動平均値×100

プラス圏推移で買われすぎマイナス圏推移で売られすぎ

　移動平均乖離率の株価チャートは、ローソク足の下に追加で表示される株価チャートになります。移動平均線が5日移動平均線や25日移動平均線等複数がありますから、表示されている移動平均線乖離率も複数

あります。

　例えば、短期売買でしたら短期間の移動平均乖離率というように、投資スタイルに合わせて、移動平均線の期間を変えて利用すればいいでしょう。スイングトレードの場合には一般的に、日足チャートでは25日移動平均線、週足チャートでは26週移動平均線を利用するとよいでしょう。

　図表42をご覧ください。移動平均乖離率の数値は、右端に表示されていますが、0％を中心に、上にプラス、下にマイナスの数値で表示されます。株価が移動平均線よりも上に位置し、かつ移動平均線から離れれば離れるほどプラス圏となります。0％よりプラス圏で推移していれば、上昇基調で地合いが良いと考えられます。

　反対に、株価が移動平均線よりも下に位置し、かつ移動平均線から離れれば離れるほどマイナス圏となります。マイナス圏で推移していれば、下落基調で地合いが悪いと考えることができます。

　具体的には、終値が移動平均線の値よりも高い場合には、移動平均乖

図表42　移動平均乖離率

出典：SBI証券サイト画面

離率はプラスになります。一般的に、5%に近付くと株価は調整局面を迎えるとされ、10%に近くなると天井を迎えやすいとされています。

　反対に、終値が移動平均線の値よりも低い場合には、移動平均乖離率はマイナスになります。買われすぎの反対ですから、マイナス5%に近付くと株価が反発に転じるとされていて、マイナス10%に近付くと、底になりやすいとされています。

移動平均線と株価の動きを見ながら、数値を分析しよう

　日経平均株価の株価チャートで、移動平均乖離率を見てみましょう。図表43をご覧ください。日経平均株価は2016年2月12日の**1**の時に、1万4865円の安値をつけました。この時、25日移動平均乖離率は、底の目安となるマイナス10%を割り込んでいます。わかりやすいように0のところに横線を入れました。

　また、4月25日の**2**の時には、1万7613円の高値をつけました。この時には、移動平均線はプラス圏にまで上昇していて、買われすぎの目安となる5%あたりまで数値が上昇しています。

　株価チャートを見るとわかりますが、移動平均乖離率は何日間のものを選択するかで数値は異なります。自分の投資スタイルに合わせて見る期間を変えて分析してみるといいでしょう。

　なお、**3**の時には株価は短期の移動平均線も、長期の移動平均線からもそんなに離れているわけではありません。移動平均乖離率を見ると、5日の移動平均乖離率はプラス圏で推移していますが、75日移動平均乖離率はマイナス圏で推移していることがわかります。**2**と**3**の時の株価水準にはほとんど違いはありませんが、移動平均線がどこに位置するかで移動平均乖離率も大きく変わるのです。

　ところで、新興市場銘柄や中小型株の場合には、売り買いともに値動きが一方通行になりやすいと言えます。例えば、売りが増えるとさらなる売りが増え、株価は大幅安になりやすいです。新興市場銘柄や中小型

図表43 移動平均線乖離率の売買サイン

出典：SBI証券サイト画面

　株の場合には、一方通行になりやすいため、極端な数値になることもあります。一方、大型株の場合には売り買いの注文数が多いために株価が安定して動きやすいため、比較的売買ルールとして機能しやすいと言えます。どちらかと言えば、大型株の方が安定した値動きですので比較的使い勝手がいいかもしれません。

　とは言え、新興市場銘柄や中小型株を取引する時に全く機能しないというわけではないですから、移動平均線乖離率が不必要なのではありません。株式市場の地合いを把握するためにも使った方が良いでしょう。

POINT

- プラス5％に近付くと買われすぎで、プラス10％に近付くと天井圏に
- マイナス5％に近付くと売られすぎで、マイナス10％に近付くと底値圏に

第**4**章

トレンドを分析して
株式市場の状況を見極める

paragraph-1
株価の方向性を把握する トレンドライン分析

株価の方向性はトレンド転換するまで継続します。トレンド転換するまでは、トレンドに沿った取引をしなければなりません。株価のトレンドにはどのような種類があるのか、しっかりと覚えましょう。

株価の方向性を把握して、トレンドに沿った取引を心掛けよう

　株価が今後、どのように動くのかを分析する時には、株価が現在どのような傾向、方向性にあるのかを把握することが重要になります。株価の動きから、株価の方向性、つまりトレンドを分析することを「**トレンドライン分析**」と言います。

　トレンドライン分析では、株価が上昇しているのか、それとも株価が下落しているのか、もしくは株価が横ばいなのか、株価の方向性つまりトレンドを分析します。株価のトレンドは一般的に、上昇基調もしくは下落基調、横ばい基調が始まると一定期間は継続し、トレンドが転換するまで続きます。

　例えば、業績の下方修正を行った企業業績が悪い企業の株価が上昇していたとします。通常であれば、企業業績が悪いと株価は売られて低迷すると考えます。しかし、株式投資では、企業業績が悪くても、その業績の悪さがすでに織り込み済みである場合や、業績は悪くても改善の傾向がみられる場合等には、材料出尽くしとなって株価が上昇することはよくあることです。

　株価が上昇している背景や、株価の動向を考慮せずに、「業績が悪いのに株価が上昇するのはおかしい」等と考えて株を空売り（株が下落することを狙って行う取引のこと）したとします。しかし、業績が悪かったとしても株価が上昇トレンドにある場合は、株価は値下がりしないことも多々あり、それどころか株価が暴騰することもよくあることです。

結果的に、株価の値下がりを期待して空売りを行ったのに、株価が業績とは関係なくどんどん上昇してしまったことで、結果損失を被ることになってしまいます。

このように、株価のトレンドを確認せずに、株価の方向性に逆らって安易に取引を行ってしまうと、損失が発生する可能性が高くなってしまいます。株価は企業の業績と連動すると考えるのが普通ですが、株式投資では、過大に評価されることもあれば、過小に評価されることもあり、必ずしも業績と連動した株価になるとは限りません。気持ちや雰囲気だけで株を取引していては損をしてしまうこともあります。

株式投資で儲けたいのであれば、株価の方向性に沿うように取引を行うことが重要です。

株価の方向性としては、次の三つがあります。図表44でそれぞれの動きを確認しておいてください。

①上昇トレンド
②下降（下落）トレンド
③横ばい（もみ合い・ボックス）トレンド

株価のトレンドを分析する際には、この三つのトレンドのうち、現状はどれにあたるのかを、トレンドラインを引いて分析します。

図表44　株価の三つのトレンド

高値と安値を結んで
トレンドラインを引いてみよう

　株価の大きなトレンドを確認する場合には、中長期のチャートを見ることで視覚的に、確認することができます。しかし、中長期という長い時間で株価のトレンドがわかっても、日々の取引に活かすことは難しいでしょう。数日、数週間という短期間のトレンドを確認する場合、いつトレンドが転換したのかを目で見て確認するだけではトレンドの転換を見逃してしまいがちです。中長期の株価のトレンドを確認する時はもちろんですが、短期のトレンドを確認するためには、トレンドラインを引くことが大切です。

　トレンドラインとは、株価の高値や安値同士を結んで引くことができる線のことです。株価の短期的なトレンドを把握する場合には必ずトレンドを引いて、トレンドが転換していないかを確認しましょう。

　トレンドラインは自分の投資スタイルに合わせて自分で引かなければなりません。図表45のように最初のうちは、どれが重要な高値で、どれが重要な安値なのかを見分けることは難しく、慣れるまでは大変に感

図表45　トレンドラインの引き方

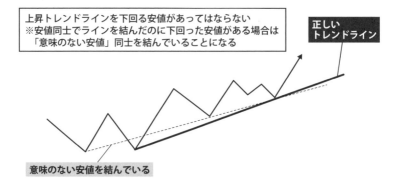

じるかもしれません。

　しかし、株を購入する場合や利益確定を行う時、トレンドが転換するタイミングを見誤ってしまうと損失を被ってしまう恐れもありますし、利益を取り逃してしまうこともあるでしょう。トレンドライン分析を活用して、トレンドに即した取引を行うようにしましょう。

上値抵抗線と下値支持線を引いてみよう

　図表46をご覧ください。上昇トレンドは、株価が上昇する場合のトレンドで、右肩上がりに株価は上昇しますから、トレンドラインも右肩上がりになります。株価が上昇した時の重要な安値と、次の重要な安値を結ぶことで、①**下値支持線（サポートライン）**となるトレンドラインを引くことができます。

　下値支持線は、株価の主要な安値と安値を結ぶことで引くことができる線ですから、株価が下落する時に下げ止まる時の目安として機能する線です。下値支持線で株価が下げ止まればいいのですが、下げ止まらずに下にブレイクした場合には、トレンドが転換した可能性が出てきたと分析することができるようになります。

　一方、下降トレンドは、株価が下落する場合のトレンドで、右肩下がりに株価は下落しますので、トレンドラインも右肩下がりになります。株価が下落する時の重要な高値と、次の重要な高値を結ぶことで、②**上値抵抗線（レジスタンスライン）**となるトレンドラインを引くことができます。上値抵抗線は、株価の主要な高値と高値を結ぶことでできる線ですから、株価が上昇する時に株価が上昇することを妨げる役割を果たす線のことです。

　上値抵抗線で株価が押さえつけられて上昇できない場合は下落トレンドが継続していることを意味しますが、株価が上値抵抗線を上に抜けた場合には、トレンドが転換した可能性が出てきたと分析することができます。

　また、**横ばい（もみ合い・ボックス）**トレンドは、株価がある一定幅

図表46 上値抵抗線と下値支持線

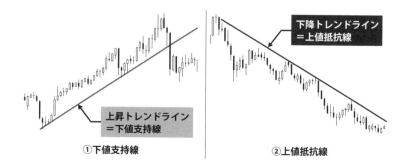

①下値支持線　②上値抵抗線

の中で、トレンドラインの間を株価が行ったり来たりする場合のことを言います。主要な高値と安値をそれぞれ結ぶわけですが、横ばいのトレンドなのですからほぼ同じような高さ（株価）の位置に高値と安値がそれぞれあり、平行に上値抵抗線と下値支持線の2本のトレンドラインを引くことができます。

　上値抵抗線と下値支持線に挟まれている横ばいトレンドの場合、いずれ株価はトレンドラインを上下どちらかに抜けます。その時がトレンド転換のタイミングになりますから、トレンドラインに対して株価がどのように動いているのかを常に確認するようにしましょう。

トレンドラインの役割は株価との位置関係で変化する

　株価のトレンドが継続している間は、上値抵抗線や下値支持線の働きは変わりません。しかし、トレンドが転換する時に、それまでの株価とトレンドラインの位置関係は異なるようになります。つまり、トレンドが転換したタイミングで、トレンドラインはこれまでとは異なる機能を果たすようになります。

　図表47を見てください。例えば、株価が横ばいトレンドから上昇ト

レンドに転換する時を例にして考えてみましょう。横ばいトレンドの場合、株価は上値抵抗線と下値支持線に挟まれていて、二つのトレンドラインの間を行ったり来たりしています。この二つの線の間に株価がある間は、トレンドは変わっていません。

しかし、株価がこれまで上値抵抗線として機能していたトレンドラインを上に抜けて上昇したとします。すると、これまで株価の上にあった上値抵抗線は株価の下に位置することになります。そのため、上値抵抗線だったトレンドラインは、下値支持線に役割が変化することになります。

反対に、株価が横ばいトレンドから下落トレンドに転換する時は、株価は下値支持線を下に抜ける時です。この場合には、これまで株価の下にあった下値支持線が株価の上に位置することになります。そのため、下値支持線として機能していたトレンドラインは上値抵抗線に役割が変化します。

株価がそれまで上値抵抗線、下値支持線として機能していたトレンドラインを上下どちらかにブレイクしてトレンドが転換したら、それまでの上値抵抗線と下値支持線が消滅するわけではありません。それまでのトレンドラインはこれまでとは異なる機能を果たすトレンドラインとな

図表47　横ばいトレンドからのトレンド転換

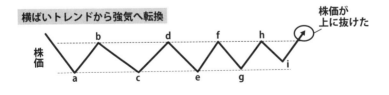

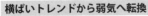

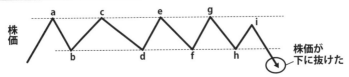

り、役割が変化するのです。

　つまり、株価がトレンドラインをブレイクしてトレンドが転換したら、それまでのトレンドラインの役割が終わるわけではなく、新たな役割を果たすようになります。そして、トレンドラインが存在する限り、常に役割を担っていますから、できるだけ長くトレンドラインを引いていきましょう。

　トレンドラインが株価と今後どのような関係になっていくのかを考えながら、株価とトレンドラインの関係を分析していくことが大切になります。

上昇トレンドを分析する時は下値支持線を引いてみよう

　上昇トレンド、下落トレンド、横ばいトレンドの分析を、具体的な銘柄の株価チャートを見ながら考えてみましょう。上昇トレンドの例とし

図表48　上昇トレンド継続中の時

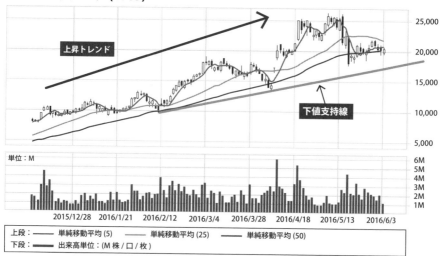

出典：SBI証券サイト画面

ては、「そーせいグループ（4565）」のチャートです。図表48をご覧ください。

安値と安値を結ぶことで、下値支持線をひくことができます。株価チャートを見ると、2016年5月の高値をつけるまで、株価は上昇したり、下落したりを繰り返しますが、一貫して上昇基調が続いています。株価は常にトレンドラインの上に位置していて、上昇トレンドが転換することなく株価は上昇を続けていることがわかります。

2016年6月の時点では、トレンドラインに対して株価は上に位置しています。下値支持線としてトレンドラインが機能するのであれば上昇トレンドは継続していることになり、株価は下値支持線の辺りで下げ止まる、というのが上昇トレンドの基本的な考え方です。

では、この後、株価がどう変化していったのかを図表49の株価チャートで見てみましょう。

一般的に、株価は上昇を続けた後に天井を打ちます。そして、株価が

図表49　上昇トレンドからトレンド転換した時

出典：SBI証券サイト画面

値下がりすることで下落トレンドに転換し、下げ止まるまで底を打つまで下落を続けます。

「そーせいグループ（4565）」の株価は2016年5月頃に天井を打つまで上昇を続けています。その後、株価は値下がりしましたが、何とか下値支持線の上で推移していました。しかし、その後も株価は値下がりを続け、2016年6月には下値支持線で下げ止まることなく、株価はさらに下落しています。株価の下にあった下値支持線は株価の上に位置するようになり、下値支持線から上値抵抗線として役割が変化していることがわかります。

このように株価はトレンドラインで止まるとは限りません。株価は日々変動していますので、株価の変調に敏感になっておいて損はありません。トレンドラインを引くことができれば、少なくともトレンドラインをブレイクする時にトレンドが転換したことに気づくことができます。株価が高い時に売れなければ薄利になるかもしれませんが、さらなる損失の発生を食い止めることはできます。ファンダメンタルズ分析だけでは、株価のトレンドの変化にいち早く気付くことはまず不可能でしょうから、トレンドライン分析を行うことが損失の発生を最小限に抑えるために重要になってくるのです。

下落トレンドを分析する時は
上値抵抗線を引いてみよう

下落トレンドの例としては、「ファーストリテイリング（9983）」の株価チャートを見てみましょう。図表50をご覧ください。高値と高値を結ぶことで、上値抵抗線をひくことができます。

株価は2016年初めから、一貫して下落トレンドが続いており、上値抵抗線に株価が抑えられていることがわかります。一般的に、株価が底を打ってトレンド転換をするまでは、下落基調が続くことになります。

では、その後、株価がどう変化していったかを図表51で見てみましょう。2016年初めから一貫して下落していた株価は、その後も下落ト

図表50 下降トレンドが継続中の時

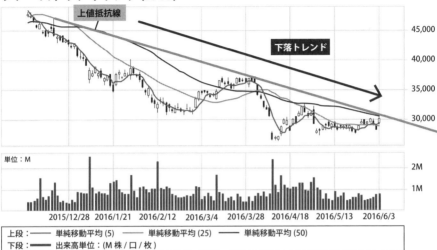

出典：SBI証券サイト画面

図表51 下降トレンドからトレンド転換した時

出典：SBI証券サイト画面

レンドが継続します。しかし、2016年4月頃から株価は大きく下落することがなくなり、下げ止まりの兆候を見せ始めます。

　しかし、株価が下げ止まるのか、それとも上昇に転じるのかは、この時点ではわかりません。2016年7月頃になって株価はようやく底を打ちトレンド転換します。この時、これまで株価の上昇を抑え込んでいた上値抵抗線を超えて、株価は上昇に転じます。下落トレンドから上昇トレンドに転換したのです。

　下落トレンドが継続している時に株を買えば株価は値下がりしますから、損失が発生します。しかし、株価のトレンドが下落トレンドから上昇トレンドに転換した後であれば、値下がりするリスクは少なくなりますから、安心して株を購入することができるようになります。もちろん、トレンドラインをブレイクしたからと言って、必ず株価が下げ止まるというわけではありません。

　ですが、雰囲気で株を買ったりすれば、株価が上がるのか、下がるのかがわからず、株価動向に一喜一憂しがちです。リスクを低減するという意味でも、トレンドライン分析を行うことが重要になるのです。

横ばいトレンドを分析する時は 上下のトレンドラインを引こう

　横ばいトレンドの例としては、「三菱ＵＦＪフィナンシャル・グループ（8306）」の株価チャートを見ていきましょう。図表52をご覧ください。2016年2月中旬まで株価は一貫して下落トレンドが続いています。

　しかし、2016年2月に目先の底を打ったことで、株価は短期的には横ばいトレンドに移行していることがわかります。横ばいトレンドかどうかを分析する時には、株価の高値同士を線で結んで上値抵抗線を引き、安値同士を線で結んで下値支持線を引きます。横ばいトレンドの場合には、2本のトレンドラインはほぼ平行になることから確認することができます。

図表52 横ばいトレンド継続中の時

出典：SBI証券サイト画面

　では、その後、株価がどうなったのかを次ページの図表53で見てみましょう。

　株価は2016年2月頃から横ばいトレンドが始まりました。そして9月になっても、横ばいトレンドが継続していることがわかります。横ばいトレンドでは、株価はその時々の地合いに応じて振れ幅は変わります。図表52の時の下値支持線よりも価格を切り下げてしまいました。

　このようにもみ合いレンジを下に抜けてしまう場合も時にはありますが、一般的な横ばいトレンドでは上値抵抗線と下値支持線の間を行ったり来たりしています。そのため、株価が下値支持線あたりに近づけば買いの取引を、上値抵抗線に近づけば売りの取引を行うことができます。

　ただし、いつまでも横ばいトレンドが続くわけではありません。いずれ上値抵抗線を上か、下値支持線を下に抜けることで新たなトレンドが発生します。今後、株価のトレンドがどのように変化していくのかには、注目しておきたいところです。

横ばいトレンドの下値を切り下げる

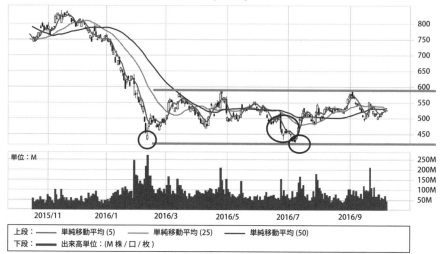

出典：SBI証券サイト画面

　上昇トレンド、下落トレンド、横ばいトレンドそれぞれを、具体的な銘柄で見てきました。いずれのトレンドでも、一度始まったトレンドが転換しない限り、その時のトレンドが継続する可能性が高いことがわかります。そして、株価がトレンド転換した場合には、新たなトレンドに即して株価は動き始めます。

　トレンド転換にいち早く気付くことができなければ、儲けを減らすこともありますし、損失を被ってしまう可能性もあります。トレンドに変化が発生していないか常に確認し、注意を払うことが大切です。

- 主要な高値と、安値を見つけ出し、トレンドラインを引くことが大切
- トレンドラインを引くことで、①上昇トレンド、②下降トレンド、③横ばい（もみ合い・ボックス）トレンドの三つのいずれかに分類する
- トレンドが転換していないか、トレンドラインと株価の関係を確認する

paragraph-2
株価のトレンドに合わせて売買方法を使い分ける

株を取引する方法には、「順張り」と「逆張り」があります。株価のトレンドに即して、それぞれの取引方法を使い分けることが大切です。どのように使い分けるのかを覚えて、実際の取引に活かしましょう。

上昇トレンドの場合には順張りでの取引を行う

　株を取引する方法には、「**順張り**」と「**逆張り**」の二つがあります（20ページ参照）。人それぞれ得意な取引方法は異なりますから、基本的には、自分の投資スタイルに合う取引方法を選べばよいでしょう。しかし、株式投資で儲けるためには、その時の株価のトレンドに合わせて取引しなければなりません。その時の地合いに合わせて、投資する手法を臨機応変に変えていかなければ、パフォーマンスの最大化を図ることは難しいでしょう。まずは順張りの取引方法から見ていきましょう。

　順張りとは、株価が高くなると予測する場合に行う取引方法です。株価が上昇トレンドにある場合に、株価のトレンドに沿って株を買う取引のことです。

　例えば、これまで長期にわたって下落を続けていた株価が底を打ち、上昇トレンドに転換したとします。このような場合、株価は長期的に上昇を続けることが多くなります。

　上昇トレンドの場合、株価は安値を切り上げて値上がりしていきます。とは言え、毎日必ず株価が値上がりするわけではありませんから、株価が上昇している途中で、一時的に下落してきます。この一時的に株価が下落したタイミングで株を買うことになります。一般的に、上昇トレンドにある株を順張りで買う取引方法のことを、「**押し目買い**」と言います。

　図表54を見てください。株価は上昇と下落を繰り返しながら上昇し

ていきます。株価が一時的に下落してトレンドラインで下げ止まるわけですが、この谷の部分が押し目となり、この谷で株を買うことを押し目買いと言います。

　押し目買いは、基本的に株価が高くなっていくことを予測して株を買う取引方法です。株価が上昇することを前提とした取引方法ですから、天井付近で高値づかみさえしなければ、一般的には買えば儲かるわけです。儲けやすい取引方法とされています。

　しかし、永遠に上昇し続ける株はありません。株価の下落が一時的なもので終わり再び上昇するのか、それとも、そのまま下落してしまうのかを予測することは困難と言わざるを得ません。

　押し目だと思って株を購入したのに、株価が思惑通りに動かず、予測に反して株価が下落して押し目ではなくなってしまう場合もあります。とりわけ高値圏に株価がある場合には、押し目買いだと思って購入したのに天井を打つ場合もあります。慎重かつ臨機応変に取引していくことが大切です。

図表54　押し目買いの方法

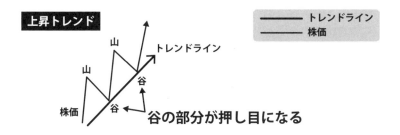

順張り高値で行う
押し目買い取引の方法

　次ページの図表55の「そーせいグループ（4565）」の株価チャートで、

押し目買いのポイントを見ていきましょう。

　株価が上昇トレンドにある銘柄を買う場合、上昇トレンドの初期あたりは、すぐに売却しない限り、どこで買っても儲かるのが一般的です。基本的に株価は上昇を続けることを前提にしているからです。

　ただし、上昇トレンドの終盤で購入した場合には、押し目のポイントから天井に至るまでの値幅は小さくなりますから、あっという間に天井を迎えて下落に転じてしまう可能性は出てきます。

　以下の株価チャートを見て具体的に考えてみましょう。2016年1月、2月、3月あたりの押し目であれば株価は上昇トレンドの途中ですから株を買った後は持っているだけで儲かります。しかし、5月頃になると、株価は上昇トレンドから下落トレンドに転換しそうな株価チャートになってきています。実際、株価は天井を打って下落してしまいました。

　私たち投資家は自分の都合のいいように考えるようにできていて、株価が上昇している時は、「まだまだ上昇するだろう」と安易に考え、天

図表55　上昇トレンドでの押し目買い

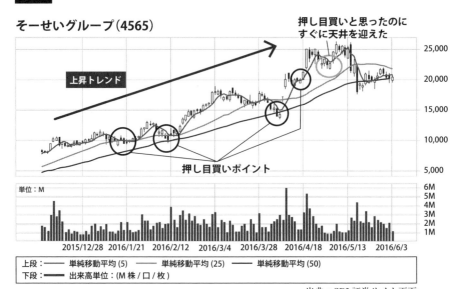

出典：SBI証券サイト画面

井がすぐに到来することはまったく考えません。時間が経って冷静に考えられるようになれば「あそこが天井だった」とわかるわけですが、その時々では天井がいつなのか、いくらなのかはわかりません。そのため、株価が天井を迎える直前に株を購入してしまった場合は、利益確定のタイミングを逃すとなかなか売る機会に恵まれず、塩漬けとなってしまいがちです。株価が上昇トレンドにある銘柄の押し目買いであっても、株価が天井を打つ限り、誰かが高値づかみをするのです。

リスクを低減するためにも、上昇トレンドにある銘柄であっても、買おうと考えている銘柄の株価が妥当な水準なのか、他のテクニカル指標を併用して押し目買いを行ってもいいタイミングなのかを考えた上で投資することが大切になるでしょう。

下落トレンドの場合には
逆張りスタンスの取引を行う

株を取引する際のもう一つの方法が「逆張り」です。例えば、長期にわたって株価が下落し続けている銘柄があったとします。長期間で見れば下落トレンドであっても、株価は下落すれば上昇しますから、短期的に株価が上昇する場合があります。

逆張りは、こうした下落トレンドの中に発生する短期的な上昇（リバウンドと言います）を狙って株を買い、そして、株価が思惑通り上昇したらさっさと株を売る取引になります。

株価は一般的に、ゆっくりと上昇します。しかし、株価が下落する場合は速いスピードで値下がりします。下落幅が大きければ大きいほど、短期的に株価が上昇するリバウンドも大きくなります。そのため、場合によっては、逆張りは順張りよりも短期間で利益を得ることが可能となります。

図表56を見ながら逆張りの取引を考えてみましょう。逆張りは一般的に、悪材料が出るなどして株価が下落している場合に、株価が一時的に反発して高くなることを狙って株を買う取引です。株価の流れ、下降

トレンドに逆らって、つまり、株価の動く方向とは反対方向に向かって株を買って、そして、売る取引法になります。株価は下落していますが、途中で小さな反発を経ながら下落していきます。反発するタイミングの谷の所で株を買い、そして山の所で売ります。これが逆張りの取引です。

　逆張りでは株価が下落基調であることを前提にしていますから、長期的に上昇することは想定していません。株価は一時的にしか上昇しませんので、売り時を逃してしまった場合には、損失を被る恐れが高くなります。逆張りは、順張りに比べると取引タイミングが難しく、損失が発生する可能性の高い取引方法だと言えます。

　当初考えていた売りの水準にまで株価が上昇したにもかかわらず、「まだ上がるかも」などと欲をかいてしまうと、売り時を逃して損失を被る恐れがあります。また、押し目買いと逆張りでの買いを混同してしまい、長期で保有して損失を被るケースもよく見られます。そのため、逆張りで株を買う場合には、あらかじめ株を売る基準を決め、その基準に従って機械的に売買することが重要です。リバウンドで株を売ることができないのであれば、無理に逆張りをする必要はありません。休むも相場という格言もありますので、得意な地合いを選んで取引すればいいでしょう。

　なお、高値圏にある銘柄の株価調整は、押し目なのか、逆張りなのかの判断は非常に悩ましい限りです。常にトレンド転換のタイミングや他

図表56 **逆張りの取引方法**

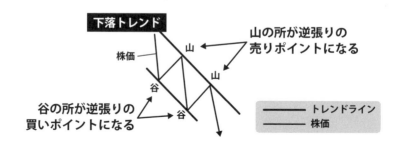

のテクニカル指標に注意を払い、損失を被った場合のリスク管理を徹底しておくことが大切になるでしょう。

逆張り局面で行うリバウンド取引方法

図表57の「ファーストリテイリング（9983）」の株価チャートで、逆張り取引のポイントを見ていきましょう。

株価は下落トレンドにありますが、毎日下落しているわけではありません。下落したら上昇する、上昇したら下落するということを繰り返しています。そのため、株価が大きく下落したタイミングで株を買い、その後、短期的に株価上昇したタイミングで売る取引方法が逆張りです。

株価チャートを見ると、株価は上値抵抗線を超えることができず一貫して下落基調にあります。株価が下落トレンドの時は高値がどんどん切

図表57 下落トレンドでの逆張り取引

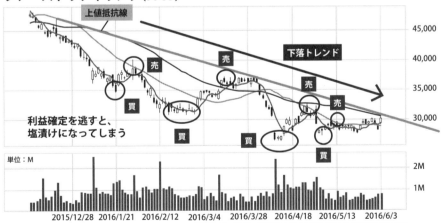

出典：SBI証券サイト画面

り下がり、右肩下がりになる傾向にあります。

　また、株価は一般的に、上昇する時はゆっくりと上昇しますが、下落する時は物凄い速さで下落します。そのため、「また株価は上昇するかも」等と安易に株を保有し、利益確定のタイミングを一度逃してしまうと、株価はずるずると下落してしまい、株を売る機会になかなか恵まれず塩漬けにしてしまいがちです。

　株価のトレンドが転換するまで基調に変化はありません。逆張りで取引を行う場合には、他のテクニカル指標を併用するなどして、リバウンド取りを徹底し、確実に利益確定を行いましょう。

横ばいトレンドの場合は逆張りスタンスの取引をする

　株価が横ばいトレンド（もみ合い、ボックス相場）にある場合も、逆張りの取引方法が良いでしょう。ボックス相場にある時、株価は上値抵抗線と下値支持線の間、つまり一定の範囲内で上昇と下落を繰り返します。そのため、ボックス相場の下限で買い、ボックスの上限で売る取引を繰り返すことで、着実に儲けを手に入れられるようになります。

　しかし、株価の動きがいつまでもボックス相場のままとは限りません。例えば、良い材料が出て買いが増えると、株価はボックス相場を上に抜けます。反対に、悪い材料が出て売りが増えると、株価はボックス相場を下に抜けます。

　図表58を見てください。横ばいトレンドの時は株価は上値抵抗線と下値支持線の間を行ったり来たりします。しかし、好材料が出た時には上値抵抗線を上に抜け、悪い材料が出た時には下値支持線を下に抜けます。

　ボックス相場で株を購入する取引を基本としている場合、株価がボックス相場の上に抜けた場合には利益が拡大するだけですから問題ありません。

　しかし、ボックス相場の下に株価が抜けた場合は、ほとんどの場合、

図表58 横ばいトレンドにおけるトレンドブレイク

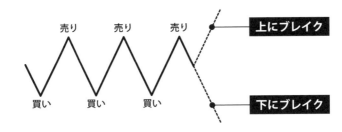

損失が発生することになります。いったんレンジを切り下げてしまうと、企業業績の劇的な改善や株式市場の地合いの改善等がなければ、元のレンジまで戻ることは難しく、相当の時間を要します。株価がボックス相場を下にブレイクしたにもかかわらず、そのままポジションを放置してしまうと、損失になった資金を寝かせておくだけです。資金効率の観点から考えると好ましいとは言えません。

私たちはつい儲かることばかりを考えてしまい、損失が発生することをあまり想定はしません。そのため、欲につい負けてしまい、売り時を逃してしまいがちなのです。トレンドに忠実に売買をするように心がけましょう。

他のテクニカル指標を併用して、株価がボックス相場から抜け出しそうな動きをしていないか、トレンドを常に確認することが大切です。

もみ合い相場で行う逆張り取引の方法

図表59の「三菱ＵＦＪフィナンシャル・グループ（8306）」の株価チャートで、逆張りのポイントを見ていきましょう。もみ合い相場の場合には、株価の上限価格と下限価格がある程度決まっています。そのため、下値支持線近辺で株を買い、上値抵抗線あたりで株を売る、という取引を繰り返すことができます。

ただ、横ばいトレンドは、いずれ株価が上昇か下落し、レンジをブレイクすることで新たなトレンドが発生し、トレンドが転換するタイミングが生じます。特に下にトレンドが発生してしまうと損失を被ってしまいますから、トレンド転換のタイミングを逃さないように注意を払って取引することが大切です。

図表59 横ばいトレンド時の逆張りの取引

出典：SBI証券サイト画面

POINT

- 上昇トレンドの場合には、順張りで取引を行う
- 下落トレンドや横ばいトレンドの場合には、逆張りで取引を行う
- トレンドが転換するタイミングを逃さない

paragraph-3
株価の動きを読み解く
チャートパターン分析

株価がトレンド転換する際や、天井や底を打つ時、代表的なチャートパターンがあります。トレンド転換のタイミングをいち早く察知できますから、代表的なチャートパターンは覚えておきましょう。

最低限覚えておきたい
代表的なチャートパターン

株価がトレンド転換をする時には、幾つかのチャートパターンがあります。いち早くトレンドが転換したタイミングを見つけるためにも、代表的なチャートパターンは覚えておいた方がいいでしょう。

代表的なチャートパターンとして、次の三つが挙げられます。

①**三角保ち合い**
②**ダブルトップ**（もしくはダブルボトム）
③**ヘッドアンドショルダーズトップ**（もしくはヘッドアンドショルダーズボトム）

①から順番に見ていくことにしましょう。

代表的な三角保ち合いの形状を
覚えておこう

株価は上昇したり下落したりするわけですが、その際に、株価が上値を切り下げ、下値を切り上げて推移する場合があります。この上値と下値にそれぞれ上値抵抗線と下値抵抗線のトレンドラインを引くことで、三角形の形をしたチャートパターンが形成されます。これを「**三角保ち合い**」と言います。

図表60をご覧ください。三角保ち合いの形には、①右肩上がりや、②右肩下がり、③真横というふうに、三角形の先端がどちらの方向を向

図表60 三角保ち合いの主な図

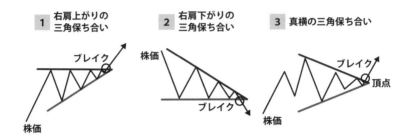

いているかで、形状を分けることができます。いずれの三角保ち合いのチャートパターンでも、先端が細くなっていて株価が動く範囲が狭くなってきています。三角形の先端が最後は閉じるわけですから、株価は上下どちらかのトレンドラインをいずれ抜けることになります。ちなみに、このトレンドラインを株価が抜けることを、「**レンジをブレイクする**」というふうに言います。

チャートパターン①：
三角保ち合いの実例

　図表61の日経平均株価の株価チャートで、三角保ち合いの動きを見てみましょう。株価は2016年初めからの三角保ち合いが継続しています。右肩上がりでも右肩下がりでもありませんから、真横の三角保ち合いのチャートパターンだと言えるでしょう。

　株価は2016年5月頃まで三角保ち合いの中を推移しており、三角保ち合いを上下どちらにブレイクするのかという状況になってきています。上値抵抗線と下値支持線を、株価が上下どちらかに抜けたら、新たにトレンドが発生することになります。株価が上下どちらに抜けてもいいように、トレンドラインを抜けるタイミングを見逃さないようにすることが大切です。

図表61 三角保ち合い

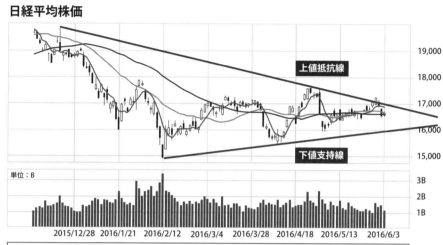

出典：SBI証券サイト画面

　では、その後、株価がどうなったのかを128ページの図表62で見てみましょう。

　株価は、その後も三角保ち合いの中を推移する状況が続きました。しかし、6月24日に英国のEU離脱の是非を問う国民投票が行われ、投票結果はEU離脱という結果になりました。いわゆるブレグジットショックです。

　株価チャートを見ると、このブレグジットショックの少し前から株価は下落基調を強め、下値支持線を下に抜けてしまったことがわかります。株価はイベントに合わせて乱高下しました。それまで下値支持線だったトレンドラインは上値抵抗線に役割を変えましたが、その上値抵抗線と、上値抵抗線から下値支持線に役割が変わった下値支持線の間に株価は戻ってきて位置している状況です。

　このように株価が三角保ち合いを下にブレイクしてしまった場合、株式市場の地合いに流されて、場合によっては損失が発生してしまう場合

三角保ち合いのトレンド転換

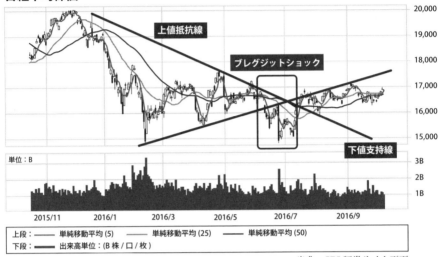

出典：SBI証券サイト画面

もあります。三角保ち合いを株価がどう抜けるのか、常に注目しておくことが大切です。

代表的なダブルトップ（ダブルボトム）の形状を覚えておこう

　株価の天井や底に出やすいチャートパターンとしては、「**ダブルトップ（もしくはダブルボトム）**」や、「**ヘッドアンドショルダーズトップ（もしくはヘッドアンドショルダーズボトム）**」があります。

　「ダブルトップ」は株価が天井を打つ時に現れるチャートパターンです。株価が上昇すれば必ず天井を付けて反落します。株価の1サイクルに対して、通常天井は1回だけという時がほとんどです。しかし、株価の基調が強い場合その後再び株価が切り返し、再度一番目に付けた天井あたりまで株価が上昇して天井を付けることがあります。この時のチャート

の形状がアルファベットのWの反対の形（M）に似ていることから、ダブルトップと言われています。

図表63にダブルトップとダブルボトムの形状を表しました。このMの真ん中の部分から横に引いた線を「**ネックライン**」と言います。このネックラインを株価が下に抜けることで、上昇トレンドから下落トレンドへのトレンド転換が鮮明になります。

一方、「ダブルボトム」は株価が底を打つ時に現れるチャートパターンです。株価は通常、下落した後に底を打ち、その後に株価は上昇します。通常は底打ちが1回だけの時が多いですが、株価下落の勢いが強ければ再び1回目につけた安値あたりまで株価が下落し、再び安値をつける場合があります。2回安値をつけることでWの形状に似た形になります。ダブルボトムと言います。また、「二番底」とも言います。このWの真ん中の部分から横に引いた線がネックラインになります。ネックラインを株価が上に抜けることで、下落トレンドから上昇トレンドへのトレンド転換が鮮明になります

ダブルトップでは、一番目につけた高値が高くなり、二番目の高値は一番目の高値よりも安くなるのが一般的です。反対に、ダブルボトムの場合には、一番目の安値よりも二番目の安値が高くなるのが一般的です。もちろん、必ずしも株価がこのように動くわけではありません。他のテクニカル指標を見るなどして、株価の方向性や転換点が正しく分析でき

図表63 ダブルトップとダブルボトム

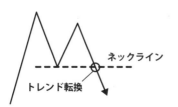

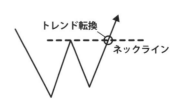

ているのかを総合的に考えましょう。

チャートパターン②：
ダブルトップの実例

　図表64の日経平均の株価チャートで、ダブルトップを見てみましょう。2015年6月に2万952円の高値を付け、8月に2万946円の高値をつけました。典型的なダブルトップのチャートパターンになり、天井を打った可能性が高まりました。そして、株価はその後、ネックラインを下回ってしまいます。上昇トレンドが続いていた株価が下落トレンドに転換したことが鮮明になります。

　日経平均株価はアベノミクスが誕生して以降、長く上昇トレンドが続いていました。しかし、チャイナショックが2015年に発生したことによって、株価はダブルトップとなって天井を打ち、大きなトレンド転換が発生しました。

　このように、長く続いたトレンドが転換した場合には、次のトレンド

図表64　**ダブルトップのトレンド転換**

出典：SBI証券サイト画面

130

転換が発生するまで、そのトレンドが継続することが多いです。このようにトレンドが大きく転換するタイミングを見逃さないようにすることが大切です。

代表的なヘッドアンドショルダーズトップ（ヘッドアンドショルダーズボトム）の形状を覚えておこう

　ヘッドアンドショルダーズトップは株価が天井を打つ時に出るチャートパターンです。図表65を見ればわかりますが、ダブルトップでは天井部分にあたる山が二つでしたが、ヘッドアンドショルダーズトップは山が三つになります。真ん中の山が最も高く、両端の山に挟まれた形になります。三尊とも言います。

　真ん中の山の起点の部分を横に引いた線を「**ネックライン**」と言います。このネックラインを株価が下に抜けることで、上昇トレンドから下落トレンドへの転換が鮮明になります。

　反対に、ヘッドアンドショルダーズボトムは株価が底を打つ時に出るチャートパターンです。ダブルボトムでは底に当たる谷の部分が二つでしたが、ヘッドアンドショルダーズボトムは谷が三つになり、真ん中の

図表65　ヘッドアンドショルダーズトップ（ヘッドアンドショルダーズボトム）

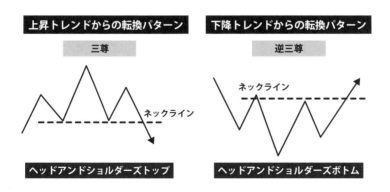

谷が一番深く（安く）なります。三尊の反対なので、逆三尊とも言います。

　真ん中の谷の起点の部分を横に引いた線をネックラインと言い、このネックラインを株価が上に抜けることで、下落トレンドから上昇トレンドへの転換が鮮明になります。

　ダブルトップ（もしくはダブルボトム）やヘッドアンドショルダーズトップ（もしくはヘッドアンドショルダーズボトム）は天井や底を分析する際に出現する代表的なチャートパターンです。形状を覚えておいて、取引に活かせるようにしましょう。

ヘッドアンドショルダーズボトムの実例で株価チャートを見てみよう

　それでは、ヘッドアンドショルダーズボトムのチャートパターンを、具体的な株価チャートで見てみましょう。図表66のチャートはWTI原油先物で、ローソク足が週足の株価チャートです。

　2015年8月に1バレル37.75ドルで安値をつけた後は、リバウンドを繰り返しながら下落しました（**1**の箇所）。その後、2016年2月に26.05ドルでいったん底を打ち、反転しています（**2**の箇所）。

　その後は、上昇と下落を繰り返しながら価格は中長期的に上昇し、2016年8月に39.19ドルで底を打ちました（**3**の箇所）。1バレル26.05ドルで先端の山の底を形成し、両脇の山を、37.75ドルと39.19ドルで形成していて、綺麗なヘッドアンドショルダーズボトム（逆三尊）を形成しています。

　下落トレンド（もしくは上昇トレンド）が長く継続した場合には、代表的なチャートパターンを形成することが多くあり、トレンドの転換を示唆することが多くあります。トレンドが転換するタイミングを逃さないように、日々株価の動きを注視しておきましょう。

図表66 ヘッドアンドショルダーズボトムの実例

原油（WTI原油先物）

出典：SBI証券サイト画面

POINT

- 三角保ち合いのチャートパターンでは、トレンドラインを上下ブレイクする転換点に注意を払う
- 代表的な天井を打つ時のチャートパターンは、ダブルトップやヘッドアンドショルダーズトップ
- 代表的な底打ちのチャートパターンは、ダブルボトムやヘッドアンドショルダーズボトム

paragraph-4
株価を波の動きにたとえる エリオット波動理論

　株価の動きをある一定のパターンとして数えるテクニカル指標がエリオット波動理論です。上昇波動と下落波動で構成されています。常に株価の立ち位置がどの波動にあるのかを確認するようにしましょう。

投資家の心理状態を表す エリオット波動

　私たち投資家は、株価が上昇すれば「まだまだ上がるだろうから株を買おう」と考えます。反対に、株価が下落すれば「どこまで値下がりするかわからないから、とにかくすぐに売ろう」と考えます。株価の動きには私たち投資家のこうした心理状態が少なからず反映されていると考えられていて、株価の動きにはある一定の波動パターンがあると考えられています。

　エリオット波動理論では、基本の波動の形状があり、それを元に株価の動きを分析します。これまでご紹介してきたテクニカル指標にはテクニカル指標を算出する計算式がありました。そのため、パソコンやスマートフォン等で株価チャートを使って自分が利用したいテクニカル指標を表示することを選択すれば、自動的に計算されたテクニカル指標が株価チャート上に表示されました。

　しかし、エリオット波動理論では、株価が今どの波動にあるのかを自分でカウントしなければなりません。私たち人間は、そもそも株式投資を始めた時点で儲けるという欲が発生しています。そのため、自分の都合のいいように株価の方向性を考えてしまいがちです。その人がその時々の相場をどう考えているのかといった相場観が色濃く反映されてしまうテクニカル指標に、どうしてもなってしまいがちではあります。

　人間のやることですし、マーケットは毎日動いています。間違って波動をカウントしてしまうことは日常茶飯事ですし、最初から正解をカウ

ントできるということはまず不可能だと言えます。自分でカウントすることなく、他人がカウントした波動を参考にするのであれば、間違いが常に発生する可能性がある点をあらかじめ頭に入れておき、参考程度に利用するというスタンスがいいでしょう。

株価上昇時は5波動、下落時は3波動で構成される

まずはエリオット波動の基本構成を確認しましょう。株価の動きをエリオット波動で表した図表67を見ながら構成を考えるとわかりやすいです。株価は基本的には、上昇と下落を繰り返しながら上昇していきます。そして、上昇トレンドが一定期間継続した後に天井を迎えます。天井を付けた後に株価は下落し始め、下落トレンドに転換してから一定期間下落した後に底を打ちます。

エリオット波動は、株価が上昇し始めてから下落し終わるまでを、一

図表67 **エリオット波動の基本構成**

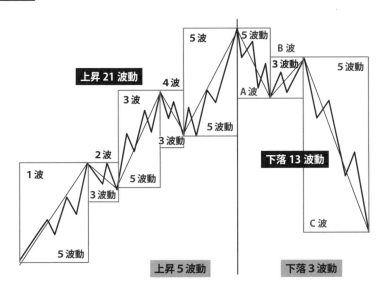

つの相場として考えます。そして、相場全体のうち、株価が上昇する**上昇波動**と、株価が下落する**下落波動**の、大きく二つの波動に分けられます。強気相場は5波動で構成され、反対に、弱気相場は3波動で構成されるのが基本です。

　株価が上昇してから天井を打つまでの上昇波動は、1～5波までの5波動で構成されています。その5波動は、1、3、5の上昇波動で構成されています。株価上昇時は上昇波動が強気相場になりますから、さらに小さな5波動で構成されることになります。これを**衝撃波**と言います。

　株価が上昇している途中でも調整が発生します。この調整は5波動のうちの2、4の下落波動にあたります。基本的に、株価が上昇している時に下落しているわけですから調整時が弱気相場になり、さらに小さな3波動で構成されます。これを**修正波**と言います。ここまでが上昇5波動になります。

　次に、株価が天井を打ってから下落し、底を打つまでの下落波動を見ていきましょう。下落波動の時は、株価が下落する時の方が勢いが強くなりますから強気相場と考えます。上昇波動の反対です。そして上昇波動の反対ですから、リバウンドで株価が上昇する時を弱気相場と考えます。

　下落波動の場合には、上昇波動ではなく下落波動が基本の波動になり、A、B、Cの3波動で構成されます。その3波動のうち、A、Cが下落波動になります。株価が下落している時は下落波動が5波動で構成されます。株価下落時の衝撃波になります。

　そして、株価が下落する途中でもリバウンドして上昇する時があります。図表67のB波になります。B波は上昇波動となりますが、下落トレンドが基本ですから、3波動で構成されることになります。株価下落時の修正波と考えられます。

　エリオット波動の構成を見るとわかりますが、エリオット波動の基本の形は上昇5波動と下落3波動で構成されていて、大きな波動1つ1つは小さな波動で構成されています。上昇5波動を構成している小さな波動をすべて合計すると21波動になり、下落波動は13波動になります。

エリオット波動理論で株価動向の分析を行う場合、自分でエリオット波動をカウントし、現在の株価の動きが何波動目にあるのか、そしてその波動が何波で構成されているのかを分析しなければなりません。個人的にはエリオット波動は株価の現状を把握するために使うテクニカル指標に適していると考えていますので、エリオット波動の基本波動の数や、基本的な構成をまずは理解しておく必要があります。

投資家心理で上昇波動を考えてみる

　なぜ株価が上昇したり下落したりするのかを、ここでは投資家心理から考えてみましょう。株価の動きは、いつも私たち投資家の右往左往ぶりを表しています。

　株価が上昇する時には、基本的には5波動で構成されます。まず1波動で上昇し、2波動で調整に転じます。その後、3波動で再び上昇した後に4波動で下落し、5波動で再び上昇に転じて天井を迎えます。

　上昇1波動では、株価が底を打ってからの上昇ですから、「株価の上昇は本物なのか」と、投資家にも疑心暗鬼な部分が少なからずあります。そのため、株価がある程度上昇して株価が少しでも下落するような局面があった場合には、ひとまず利益を確定しておこうという心理が働きます。そのため株価は多少の上昇で下落し始め、2波動の修正波動が現れます。

　しかし、すべての投資家が1波動目で株を買えるわけではありません。1波動の株価上昇を「しまった！　株価が上昇し始めた」と見ていた投資家もいます。この場合、2波動で株価が調整に転じて下落してくると、「ようやく株価が下がってきたから買いを入れてみよう」と考える投資家が現れるようになります。そのため、株価が下落する局面では少しずつ買いが現れるようになります。そして、その買いが出てくる様子を見て株価上昇に安心感が出てさらに買いが多くなり、株価は下げ止まります。下落していた株価はようやく上昇に転換し始めます。これが2波動

です。

　株価が下げ止まり始めて買いが増加することで、3波動目が現れます。3波動で株価は再び上昇に転じます。この時、1波動と2波動で上昇しているため、「株価の上昇は本物だ」と考える投資家が多くなります。そのため、株価が上昇する時は1波動よりも3波動の方が上昇波動は大きくなるのが一般的です。

　しかし、株価が大きく上昇すると、再び利益確定を考える投資家が次第に増え、利益確定の売りが入り始めます。すると、株価上昇の勢いが失速するとともに売りが増えて株価は下落し始め、調整に転じます。これが4波動の修正波になります。

　3波動での株価の大幅上昇を見ていて、「この前と同じくらい、いやそれ以上に株価が上昇する可能性がある。ようやく株価が下落してきたから買いを入れよう」と考える投資家がまた現れ、再び買いが入り始めます。そのため、4波動で調整をしている時に再び買いが入ることで株価は下げ止まり始めます。下げ止まりとともに再び上昇に転じ、5波動になります。

　すでに上昇3波動のうち、1波動と3波動は終了しました。基本的な構成の5波動であれば、最後の上昇波動である5波動のみとなりますから、早々に利益を確定しておきたい所ではあります。しかし、エリオット波動は自分でカウントを計算しなければなりませんし、未来の株価の動きがその時点では誰にもわかりません。本当に5波動の上昇なのかを判断することは正直、難しい所ではあります。

上昇波動の中では
3波動目が一番大きな上昇幅になる

　株価が5波動目の上昇だったとしても、それが確実に最後の上昇になるのかは断言できません。しかし、すでに株価は1、2、3、4波動を形成しながら大きく上昇しているため、これまで利益を確定していなかった投資家は、株価が少しでも下落するような事態になると、我先にと急

いで利益確定を始めます。すると、株価はすでに高値圏にあるため、「急いで利益を確定しよう」と考える投資家がますます増えてきます。どんどん売りが増え、株価は下落に転じ始めます。株価が下がれば下がるほど、早く売りたいと考える投資家が増えるため、売りが増える傾向にあります。そのため、5波動は3波動ほど大きく上昇しないことが一般的です。つまり、上昇波動の中では、3波動が一番大きな上昇幅になり、1と5の波動は3波動よりも小さなものとなるのが一般的です。

投資家心理から下落波動を考えてみる

　次に、下落トレンドの下落3波動を、投資家心理から考えてみましょう。株価は天井を打った後は底打ちまで値下がりしますので、弱気相場になります。

　天井を打った後の最初の下落がA波動になります。ここで株を保有している投資家は、できるだけ高値で売りたいと考えています。株価が天井を迎えて下落し始めてから利益確定しようと考えている投資家と、まだまだ株価は上昇するだろうと考えている投資家に分けられます。

　多少の株価下落であれば、「また高値を更新するだろう」「この前の高値まで戻るだろうから、その場合には利益を確定しよう」などと考える投資家も多くいるでしょう。しかし、利益を確定しようかと悩んでいる間に株価がさらに下落してしまうと、含み益がどんどん減少していきます。含み益が減少する様子に焦ると、含み益が少しでも多いうちに利益を確定しようという投資家が増えますから、次第に利益を確定する投資家が増えてきて、株価はさらに下落していきます。

　ただ、ある程度株価が下落すると、高値水準から見た時に株価は安く感じられるようになります。そのため、「ようやく高値圏から株価が下がってきた。また上昇するだろうから買いを入れよう」と考える投資家の買いが入り始めます。そして、株価が下げ止まってきた様子を見ていた投資家から買いを入れるようになり、株価は下げ止まります。これが

下落のA波動になります。

　株価が下げ止まってくると、今度は株を買おうと考える投資家が増えるようになります。すると、株価は上昇に転じ、B波動が現れます。この時に株を保有している投資家は、株を元々持っていた投資家と、下落してから株を購入した新たな投資家の２つのタイプに分けられます。

　B波動で株価が上昇に転じると、投資家の立場に応じて様々な思惑が交錯します。すでに高値で買ってしまい含み損を抱えていた投資家は、「やれやれ株価がようやく上昇してきた。とりあえず売って現金にかえておこう」と考えるのが普通です。高値づかみをした投資家はすでに天井を打ったと考えているわけですから、早々に利益を確定しておこうと考えるために、利益確定の売りが増え始め、株価は再び下落に転じます。

　しかし、新たに株を購入した投資家は、押し目だと思って購入しているわけですから、「まだまだ株価は上昇するだろう」というふうに考えています。下落波動のB波であるにもかかわらず、上昇波動がいまだ継続していて今回もリバウンドではなく上昇だろうと考えているわけです。このようにB波動には二つの投資家の思いが存在しています。

下落波動のC波で底を打つまで株価下落する

　まだまだ上昇すると考えている投資家の考えに反して、株価は利益確定売りに押されて下落し始めます。これが下落波動のC波になります。

　すると、株価が上昇すると思って株を購入していたのに、株価が高値を更新することなく下落するわけです。すると、「株価は上昇しないのか。利益があるうちに早く株を売ろう」と我先に利益を確定しようと考える人が増え始めます。つまり、下落波動のC波動には、すでに株を保有していて含み損を抱えていた人のやれやれ売りと、新しく株を買った人の利益確定売りの２つのパターンの売りが存在します。こうして株価は再び下落に転じて下落波動のC波となり、底打ちまで下落していきます。

このように株価の動きには投資家の心理状態が見え隠れしており、ある一定の波動パターンが出来上がると考えられていて、エリオット波動に表されています。エリオット波動理論を使えば、株価がどの波動のあたりにいるのかを、ある程度把握できるようになりますから、中途半端な位置で売り買いをする状況を避けることができるようになります。

ただし、何度も言いますが、自分の都合のいいように考えるのが普通ですから、カウントの仕方は人それぞれ異なった形になる可能性があります。普段から自分でカウントをする癖をつけ、相場の全体像や流れを確認しながら取引していきましょう。

エリオット波動を株価チャートで確認してみよう

図表68のソニー（6758）の株価チャートで、エリオット波動を具体的に見てみましょう。エリオット波動の一つのサイクルを囲んでみまし

図表68 エリオット波動の構成

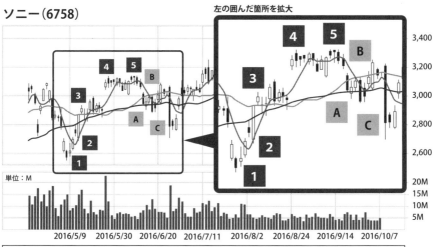

出典：SBI証券サイト画面

た。囲みの中を見てください。

　まず株価が上昇する時の上昇1波動からカウントしていきます。株価は1波動で上昇した後に2波動で下落しています。これが上昇波動の調整になります。株価チャートを見ると、2波動目の調整は比較的早く終了し、株価は再び上昇に転じます。これが3波動になります。3波動では株価が大きく上昇します。再び4波動で下落し、調整に転じますが、また買いが入ってくることで株価は下げ止まり、5波動で再び上昇しています。

　この時、私たち投資家が最も気になる点としては、株価の天井がどこなのかということでしょう。

　株価は天井を打っていずれ下落に転じるわけですが、どこが天井なのかはその瞬間にはわかりません。私たちは過去の株価チャートを見ているから「この時が天井だった」とわかるだけで、その時にはわかりません。エリオット波動のカウントだけに頼るのではなく、他のテクニカル指標を併用して分析していかなければなりません。

　株価チャートを見ると、株価は天井を打った後に窓を空けて下落しています。その時、4波動での安値を割り込んだことで、利益確定の売り圧力が強まり、下落波動に転じていきました。これが下落波動のA波になります。

　ただ、下落波動のA波で下落した後に下げ止まればリバウンドへの期待が高まりますから、再び買いが入り、リバウンド上昇のB波が形成されます。しかし、このB波でも高値を更新できなければ、今度は失望売りとともに多くの利益確定売りが浴びせられ、株価はさらに下落していきます。

　株価チャートを見ると、リバウンドB波は先の高値を超えられなかったために利益確定売りに押され、株価は下落していきました。結局、株価は再び下落してC波を形成しました。

波動は基本の形状だけでなく、延長する場合もある

　株価の動きは、常に規則的に動いているわけではありません。例えば、景気が急激に悪化したり、政府による株価維持が行われたりと、その時々の経済状況は変化しますので、株価の動きも基本通りに動くばかりではなく、その都度変化していきます。そのため、株価の波動は基本の動きだけで構成されているわけではなく、イレギュラーに動く場合があります。そうした場合を想定しながら、エリオット波動をカウントしていく作業が必要になります。

　具体的に波動がどのような不規則な動きがあるのかと言うと、その時のマーケットの勢いに応じて、波動がより長くなってしまう、つまり**「延長（エクステンション）」**する場合が時には起こります。

　株価が上昇する勢いが強ければ、上昇波動が延長します。反対に、株価が下落する勢いが強ければ、下落波動が延長します。どの波動が延長するのかはその時点ではわかりませんので、日々カウントして見ていくことで、延長が起こっているかどうかを確認していくことになります。

　なぜ延長が発生するのかと言うと、その時の地合いが強いために、相場がより大きなものに成長していく過程で、波動の延長が行われるからです。ですから、波動が延長する方向性は、株価のトレンドに即した方向で延長します。

　例えば、株価が上昇している上昇波動の場合には、衝撃波である1、3、5波のいずれかの波動で延長します。一方、株価が下落している下落波動の場合には、A、C波のいずれかで延長します。

　延長について、図表69で見てみましょう。図を見るとわかりますが、衝撃波で延長が起こるわけですが、1、3、5波のどの波動で、もしくはA、C波のどの波動で延長が発生するのかは、その波動の形状をカウントしながら確認していかなければわかりません。時には、上昇5波動では終わらずに、波動全体が大きくなり、7波動構成に増えていく場合もあります。

143

図表69 **波動が延長する**

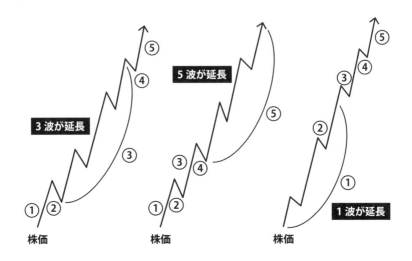

　どの波動で延長されたかは、その波動全体が終了してみないと分析が難しいという側面があります。そのため、波動をカウントして適宜判断していくことになりますから、その日その日でカウントを決定することは難しいと言わざるを得ません。他のテクニカル指標を併用して、分析しているカウントが正しいのかを確認していくことが大切でしょう。

天井時と底打ち時に表れるフェイラーの形状

　株価は上昇した後に下落しますから、エリオット波動は基本的に、上昇5波動と下落3波動で構成されています。しかし、その時々の相場の勢いに応じて株価の動きは変化しますので、波動が延長される場合もあれば、その波動を推進もしくは修正するために、様々な形状が存在します。
　例えば、株価の上昇が終われば天井を迎えます。しかし、天井だった

かどうかは、その時にはわかりません。その後の株価の動きが高値を超えられなかった場合に、「あれが天井だった」とわかるわけです。このように、2回目の高値が1回目の高値を超えられない場合を「**フェイラー（未達成）**」と言います。

　図表70を見るとわかりますが、株価の上昇が力強いものであればあるほど株価は勢いを増し、株価は上昇します。株価が下落する場合も同様です。しかし、1回目の高値を2回目に超えられない形で天井となってしまった場合には、株価の勢いが衰え始めている＝弱気になっているという証になります。天井を打つ時の代表的なチャートパターンとしてダブルトップがありますが、これに当たると考えてよいでしょう。

　反対に、株価が下落している場合に、フェイラーの形で底打ちとなってしまった場合には、株価の勢いが衰え始めている＝強気になっているという証になります。底を打つ時の代表的なチャートパターンとしてダブルボトムがありますが、これに当たると考えてよいでしょう。

図表70　フェイラーによる天井と底打ち

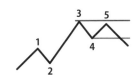
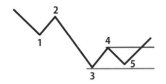

エリオット波動で見る
フェイラーの実例

　次ページ図表71で具体的に、日経平均株価の株価チャートでフェイラーを確認してみましょう。
　日経平均株価は、上昇波動を描きながら長期間上昇していることがわ

かります。この上昇波動の起点は、日銀が追加の金融緩和を行った2014年10月になります。これを起点として、まずは上昇波動からエリオット波動をカウントしてみましょう。

1波動で株価が3000円ほど上昇した後、2波動で株価は2000円ほど値下がりし、調整しています。そして、最も大きくなる3波動で株価は4000円ほど上昇し、4波動で1000円ほど値下がりし再び調整しています。5波動で天井を迎えるわけですが、この天井の時は、チャイナショックとなった2015年6月26日、2万952円です（ **1** の箇所）。チャイナショックというショックの大きさから考えれば、天井としての価値はあると考えらえます。しかし、この時点では、天井だと確信することは、投資家のほとんどが難しかったことでしょう。

その後、株価は調整を済ませて、8月に再び高値更新に挑戦します。しかし、株価チャートを見るとわかりますが、株価は2万946円で天井を打ち、結局高値は更新できませんでした（ **2** の箇所）。

高値を超えられなかった時点で、波動の形成に失敗してフェイラーに

図表71 天井を打ったフェイラーの例

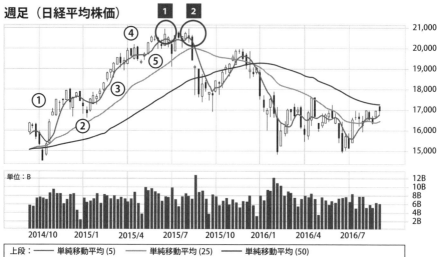

出典：SBI証券サイト画面

なった可能性は高そうだと考えられます。しかし、その時点で確信を持ってフェイラーと判断することは難しいかもしれませんが、結果的に8月下旬に1万7000円台まで株価が調整するわけです。その時の株価の動きを見れば、上昇トレンドがいったん終了してしまった可能性が高いと判断できるようになります。

過去の株価チャートを見るとわかりますが、長く続いていた上昇波動が終了してトレンドが転換し、下落波動に移行しています。上昇トレンドが終了したことが確定した株価はその後、2016年2月12日に1万4865円まで下落するわけですが、長い時間をかけてリバウンドであるB波を挟みながら、C波まで下落しました。

株価の天井を予測することも、底を予測することも不可能です。しかし、エリオット波動をはじめとしたさまざまなテクニカル分析を活用することで、株価が上昇波動から下落波動にトレンドが転換したことが、少なくとも2015年8月の時点で確認することができます。そして、その時に利益確定を行うことができれば、含み益を大きく削ることもなかったでしょうし、含み損を大きくすることもなかったのではないか、ということです。

エリオット波動：ダイアゴナル・トライアングル

この他には、ダイアゴナル・トライアングル（斜行三角形）という形状もあります。次ページ図表72を見るとわかりますが、ダイアゴナル・トライアングルは、三角形の先端がどんどんとがっていく鉛筆の先端のような形です。上昇トレンドの時は上向きの斜めに、下落トレンドの場合は下向きの斜めに、三角形が表示されます。

一般的に、株価が上昇している時に現れるダイアゴナル・トライアングルは上向きのウェッジ（楔形）になります。上向きの場合には、株価は下値支持線を下に抜けることになり、弱気型になります。

反対に、株価が下落している時に現れるダイアゴナル・トライアングルは下向きのウェッジになります。下向きの場合には、株価は上値抵抗

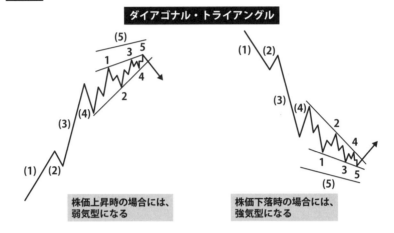

線を上に抜けることになり、強気型になります。

　テクニカル分析と言うと、なんだか小難しく感じるかもしれません。上昇相場が未来永劫続くのであれば、適当に株を売り買いしても、誰でも儲けられることでしょう。絶対に成長が鈍化しない銘柄が存在するなら、ファンダメンタル分析だけでも儲けられることでしょう。

　しかし、上昇し続ける相場もなければ、成長が鈍化しない銘柄もありません。下落相場になれば、どんなに有望な銘柄であっても株価は下落するのが普通です。適当な売り買いで儲けられるほど、株式投資は甘いものではありませんから、ぜひともテクニカル分析を身に付けて頂きたいものです。

POINT

- エリオット波動は、上昇波動と下落波動で構成されている
- 上昇波動は全部で5波動、下落波動は3波動で構成されている
- 波動が延長したりと形状が変化する場合もあるので、柔軟に対応することが大切

paragraph-5
エリオット波動を構成する フィボナッチ比率分析

株価が動く時の基本の数字となるのがフィボナッチ比率分析です。価格や時間を分析する際に利用することができますので、普段からフィボナッチ比率を意識するようにしましょう。

価格と時間の分析に活用できる フィボナッチ比率分析の数値

　黄金分割または黄金比という言葉を聞いたことがある人は多いかもしれません。黄金というくらいですから、見た目に安定感があり、心地よく感じられる比率とされていて、具体的な数値で黄金比を表すと、0.618：0.382で表されます。

　数字で見ると、何を表しているのかわかりにくいかもしれません。しかし、私たちがなじみのある多くの物に黄金比が利用されています。例えば、私たちが幼少の頃に教わった図形の一つに、正五角形があります。正五角形の一辺の長さと対角線の長さは黄金比で出来上がっていて、あの形状となっています。この五角形で思い浮かぶ物と言えば、米国の国防総省の建物「ペンタゴン」や北海道にある「五稜郭」等があり、これらは真上から見ると五角形で作られています。この他には、十字架の縦横の長さの比率や、ピラミッドの高さと底面の比率というふうに、多くの物が黄金比によって形作られています。

　この黄金比を株式投資に活用したのが、**フィボナッチ比率分析**です。株価の動きにはある一定の法則があるのではないかと考えられていますが、そのある一定の法則の数値として、黄金比の0.618や0.382が考えられています。黄金比の0.618や0.382を株式投資に利用することで、株価の分析や、時間の分析を行うことができるようになると言われていて、一般的には、時間よりも価格の分析の方がその信頼性が高いとされています。

株式投資にどのようにフィボナッチ比率分析を活用するのかを考えてみましょう。
　株価は日々、上昇と下落を繰り返しているわけですが、この株価の動きにはある一定の法則があると考え、株価の動きを計算、分析する際に利用します。日経平均株価や個別銘柄の解説等で、「株価の戻りは半値戻し（もしくは半値押し）の水準まで〜」などという解説を一度は見聞きしたことがあるという方も多いことでしょう。この半値戻しや半値押し等の株価水準を分析する際に、フィボナッチ比率分析を行います。
　株価の押しは株価が上昇した後に下落することで、株価の戻りは株価が下落した後に上昇することを表します。一般的によく使われる用語としては、全値戻しや全値押し、半値戻しや半値押しがあります。
　全値戻しは、株価が下落したけれども、結局は全部元に戻ったということです。反対に、全値押しは、株価は上昇したけれども、結局全部元に戻ったということです。全部ということですから、100％＝1です。一方、半値戻しと半値押しは、価格全部ではなく半分だけ戻った（押した）ということになります。数値的には50％＝2分の1です。この他には、3分の1や3分の2があり、それぞれ33％、66％になります。これらに加えて、フィボナッチ比率分析の61.8％と38.2％を代表的な数字として取り入れています。
　なお、0.618の一つおきの数字の比率は数字が大きくなると2.618（逆数は0.382）に近付き、二つおきの数字は4.236（0.236）に近付きます。この0.236と、1から0.236を引いた数字0.764は、第二の黄金比とされています。

フィボナッチ比率分析方法：具体的な計算方法

　フィボナッチ比率分析で活用する数値を理解したところで、どのように分析を行うのかを見ていきましょう。
　フィボナッチ比率分析では、過去の重要な安値と高値を元に、前述し

た数値を利用して分析を行います。そのため、重要な安値と高値の取り方が違うと、分析で出てきた数値も全く異なった値になってしまいます。どの数字を重要な安値と高値として分析するのかが、実はとても重要になります。

さらに、株価の戻りや押しといった価格を算出するわけですから、エリオット波動理論の戻りや押しを算出する際にも利用することができます。つまり、エリオット波動理論とフィボナッチ比率分析はとても密接な関係性があるとされています。一般的には、エリオット波動理論の第1波と第5波に対して第3波は大きくなり、第3波は第1波に対して1.618倍の大きさになるとされています。

フィボナッチ比率の分析方法を具体的に見ていきましょう。フィボナッチ比率を使って分析する場面としては、次の二つが考えられるでしょう。

①株価が下落した後、どれだけ株価が上昇して戻るのか
②株価が上昇した後、どれだけ株価が下落して押すのか

フィボナッチ比率分析の計算方法を、具体的な流れで見ていきましょう。

（計算の流れ）
①フィボナッチ比率分析では、株価の戻りや押しを計算するわけですから、まずは分析の基本となる株価の高値と安値を決定します。
②高値と安値が決定したら、高値から安値までの値幅を算出します。
③値幅が算出できたら、その数値にフィボナッチ比率分析の数字を掛け合わせて数値を算出します。
④計算の元となる高値、安値に加減します。

株価の高値を1000円、安値を100円と設定して、株価が100円から1000円まで上昇した場合の押し（株価下落）の価格を計算してみましょう。

最初に、株価の値幅を計算します。1000円から100円を差し引いた

900 円が値幅になります。

1000 円 − 100 円 = 900 円

　この値幅に対してフィボナッチ比率分析で使う数字をそれぞれ掛け合わせます。たくさん計算してもきりがありませんから、代表的な数字である 0.5（2 分の 1）、0.618、0.382、3 分の 1、3 分の 2 を使います。

900 円 × 0.5 = 450

900 円 × 0.618 = 556.2

900 円 × 0.382 = 343.8

900 円 × 3 分の 1 = 300

900 円 × 3 分の 2 = 600

　この数字は値幅 900 円に対しての数字ですから、計算の元になった数字である高値 1000 円もしくは安値 100 円に、これらの数字を加減します。今回は 100 円に加える方法で求めます。

100 + 450 = 550 円（0.5）

100 + 556.2 = 656.2 円（0.618）

100 + 343.8 = 443.8 円（0.382）

100 + 300 = 400 円（3 分の 1）

100 + 600 = 700 円（3 分の 2）

　全ての数字を値幅に掛け合わせ、元となる数字に加減しました。わかりやすいように、カッコの中に何の数字かを書きました。求めた数値がフィボナッチ比率分析で算出した数値になります。

　フィボナッチ比率分析で何を求めているのかというと、株価が 100 円から 1000 円まで上昇しましたが、天井を打って下落に転じ始めました。株価はどこまで下落するのかを、フィボナッチ比率分析で計算して求めたのです。

　半値押しの水準としては、550 円になりますし、3 分の 1 押しでは 700 円、3 分の 2 押しでは 400 円、38.2％押しでは 656.2 円、61.8％押し

では443.8円となります。

　計算の仕方としては、値幅に数字を掛け合わせるだけですから簡単ですが、計算の基本となるのが高値と安値の数値になります。ですから、重要な高値と安値として間違えた数値を使って計算してしまうと、株価の押しや戻りを正確に算出することは困難と言わざるを得ません。

　なお、ここまでどのようにしてフィボナッチ比率分析を行うのかを解説しましたが、株価チャートの中には、フィボナッチラインといった名称で、自動的に株価チャート上にフィボナッチリトレイスメントの線が表示されるテクニカル指標もあります。算出方法さえしっかりと理解していれば、自分で分析するのが面倒な場合にはこれらを利用してもよいかもしれません。

フィボナッチ比率分析で実際に計算してみよう

　ソフトバンクグループ（9984）の株価チャートを使って、フィボナッチ比率分析を算出してみましょう。株価チャートは図表73を参考にしてください。2016年2月12日につけた安値が4133円、6月1日につけた高値は6443円です。それぞれ丸印を付けた所です。

　まずは値幅を求めます。

6443円 − 4133円 = 2310円

　値幅が算出できたら、この2310円にフィボナッチ比率分析の数字を掛け合わせていきます。

2310円 × 0.5 = 1155

2310円 × 0.618 = 1427.58

2310円 × 0.382 = 882.42

2310円 × 3分の1 = 770

2310円 × 3分の2 = 1540

図表73 フィボナッチリトレイスメント

ソフトバンクグループ (9984)

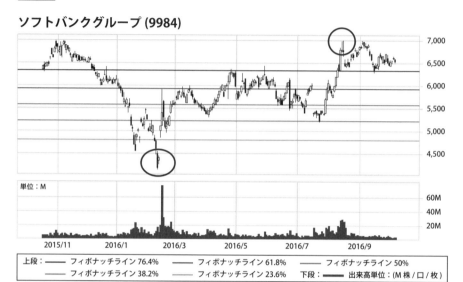

出典：SBI証券サイト画面

　最後に、どこまで株価が押すのかを分析するわけですから、4133円に数字を足していきます。

4133 ＋ 1155 ＝ 5288円（0.5）

4133 ＋ 1427.58 ＝ 5560.58円（0.618）

4133 ＋ 882.42 ＝ 5015.42円（0.382）

4133 ＋ 770 ＝ 4903円（3分の1）

4133 ＋ 1540 ＝ 5673円（3分の2）

　フィボナッチ比率分析を使うことで、株価がいくらあたりまで押すのかを分析することができました。7月には、株価は安値が5288円に近い5290円まで下落しました。ここで株価下落が止まって反転するのか、それとも株価はさらに下落するのかで、株価の方向性が決まると言えそうです。

フィボナッチラインチャート

　ソフトバンクグループのフィボナッチラインの株価チャートを見てみましょう。図表73をご覧ください。フィボナッチの数値が複数ありますから、フィボナッチラインが複数引かれていることがわかります。ちなみに、どの線がどのフィボナッチの数値かは、下に書かれている％の数字を参照してください。

　フィボナッチ比率分析で算出できた数字の価格帯にフィボナッチラインが引かれていることがわかります。今回の算出に使った高値と安値は、このフィボナッチラインの算出に使ったものと同じだった可能性が高いことがわかります。

　ただし、株価チャートによっては詳細な数値が出ないものもあります。具体的な数値を知りたい場合には、自分で計算した方がよいでしょう。

!POINT

- フィボナッチ比率分析の数字は、0.618、0.382
- 重要な安値と高値の取り方次第では数値も変わるので、安値と高値の取り方は慎重に行う
- 値幅にフィボナッチ比率の数値を掛け合わせて数値を算出する

第5章

売買タイミングを
テクニカル指標で見極める

paragraph-1
損失が発生するリスクを低減するテクニカル分析

　売買するタイミング次第では、儲かることもあれば、損をすることもあります。損失が発生するリスクを低減するために、できる限り株価チャートを使ったテクニカル分析を利用した方がよいでしょう。

テクニカル分析を使うことでリスクを低減させる

　株価がこれから上昇するのか、それとも下落するのかは誰にもわかりません。例えば、2013年、2014年のアベノミクス相場のように株価が長く上昇している時であれば、誰がいつ何を買っても儲けられるかもしれません。だからと言って、適当に株を買ってしまうと、「株価が上がったと思っていたら下がってきた！　売った方がいいかな？　それとも保有していた方がいいかな？　どうしよう……」などと右往左往してしまうこともあるかもしれません。

　株価は日々変動していますから、株式投資では損失が発生するリスクが常に存在しています。損失の発生をできる限り低減するためには、株を売買するタイミングを、株価チャートを活用してしっかりと分析し、かつ、その分析に沿うように投資しなければなりません。株価チャートを使って株価の動向を分析し、株価が安い時に株を買い、株価が高くなったら株を売るということです。

　ちなみに、個別銘柄の株価がどこまで上昇するのか、企業の潜在的な力を業績等から分析して取引を行うのがファンダメンタルズ分析です。できる限り損失の発生を回避して株式投資を行おうと思えば、ファンダメンタルズ分析を行うことはとても有効です。

　ファンダメンタルズ分析で成長性のある銘柄を探し出し、テクニカル分析で株価の安いタイミングで購入する方法をテクノファンダメンタルズ分析といいます。ここでは深入りしませんが、この投資方法を行うこ

とは、株価が下落するリスクの少ない銘柄を、安いタイミングで購入することになりますから、リスクを低減できる投資手法になります。

トレンド系とオシレーター系のテクニカル指標を利用する

　では、「これからテクニカル分析を始めてみよう」という場合であれば、どのような手順で、株価チャートの何を見ていけばいいのかわからないという方も多いことでしょう。投資手法は人それぞれで、1日に何度も取引を繰り返すデイトレードや、株主優待等を狙って取引を行うイベント投資、少し長めの時間軸で取引を行うスイングトレードなど、多様に存在します。ですから、自分に合った投資手法を選んで、取引を行わなければなりません。

　本章では、会社員の方等時間が拘束されていて、日中なかなか取引ができないという方向けに、スイングトレードを、どのような手順で、どのテクニカル指標を利用し、何を見て分析を行えばいいのかを解説していきます。

　スイングトレードを行う流れとしては、まずは株価のトレンドを分析し、その後に売買タイミングを分析すれば良いでしょう。

- 株価のトレンド（＝方向性）を把握し、株を買うのか、空売りするのか、取引戦略を考える。＝トレンド系のテクニカル指標を利用する。
- 株価の過熱感（＝買われすぎか、売られすぎか）を把握し、株を売買するタイミングとして妥当かを考える＝オシレーター系のテクニカル指標を利用する。

　最初のうちは、自分の投資スタイル自体がわからないかもしれません。取引を繰り返していくことで「こういう取引が自分に合っている」ということがわかるようになります。まずは取引を始めてみて、自分の投資スタイルを確立することから始めていきましょう。

paragraph-2
テクニカル分析を行う流れ

　初めて株価チャートを利用する場合には、何をどう見たらいいのかわからない人も多いでしょう。テクニカル分析を行う流れを参考に、まずは分析をしてみましょう。

①テクニカル分析の手順
　株価の過熱感を分析する

　株価は基本的に、トレンドに沿うようにして動いています。常に一定の動きしかしないわけではなく、トレンドを崩さない程度に、上昇もすれば下落もします。とは言え、株価のトレンドは変わらないわけではありません。上昇トレンドだった株価が、ある日突然、下落トレンドに変化することは多々あります。ですから、株価のトレンドが変化したかどうかをいち早く察知しなければなりません。トレンドの変化に気づかないで何も対処しなければ、例えば、株を保有している場合には損失が発生してしまうことにもなりかねません。

　株を買う方法には、順張りと逆張りの二つがあります。第4章を参考にしてください。順張りとは、株価が上昇トレンドにある銘柄を買う方法です。投資手法としては、押し目買いや新高値ブレイク買い等が挙げられます。

　一方、逆張りとは、株価が下落トレンドにある銘柄を買う方法です。投資手法としてはリバウンド買いが挙げられます。

　しかし、順張りでも逆張りでも、一般的に、株価の安い時に株を買わなければ株価が高くなった時に売ることができません。では、株価の安い時とはどのような時でしょうか。

　株価の安い時とは通常、株価が売られすぎの状態にある時です。株価が売られすぎの状態かを把握するためには、オシレーター系のテクニカル指標を活用します。第3章で解説していますが、それぞれのテクニカ

ル指標には買われすぎの水準、売られすぎの水準があらかじめ決められています。例えば、RSI（78ページ参照）の場合には、一般的に30％以下で売られすぎ、70％以上で買われすぎとされています。

株を買う場合には、高い時よりも安い時に買った方が儲かる確率が高まります。こうしたオシレーター系のテクニカル指標を活用して、株価の過熱感をまずは確認することから始めましょう。

②テクニカル分析の手順
　株価のトレンドを分析する

株価が買われすぎか、売られすぎかを確認したからといって、すぐに株を買うわけではありません。次に、株価のトレンドを確認しましょう。第2章で解説しましたが、トレンド系のテクニカル指標を利用して株価のトレンドを確認します。

と言うのも、株価が上昇トレンドか下落トレンドかを分析しなければ、順張りで取引するのか、逆張りで取引するのかを決められないからです。例えば、移動平均線（40ページ参照）を見ることで、移動平均線が上向きに推移していれば上昇トレンドだと分析できますし、下向きに推移していれば下落トレンドだと分析できます。株価のトレンドを分析できて、ようやく順張りと逆張りのどちらの取引方法がよいのかを判断できるようになります。

株価が下落トレンドの場合で考えてみましょう。例えば、オシレーター系のテクニカル指標の一つであるRSIで30％以下になったとします。その時に移動平均線が上向きか下向きかを確認します。もし移動平均線が下向きであれば、下落トレンドだと考えられますから、下落トレンドであれば逆張りの取引がようやく可能になるわけです。

なお①の株価の過熱感を分析する、と②株価のトレンドを分析する、の順番については、どちらを先にやっても構いません。わかりやすくするために順番をつけただけで、分析しやすい方から行えばいいでしょう。

③テクニカルの手順
　ダブルチェックで分析が正しいか確認する

　RSIが30％以下になっていて、移動平均線が下向きで株価が下落トレンドであることが確認できたからと言って、すぐに逆張りの取引を行っていいというわけではありません。なぜなら、逆張りの場合には、株価が底を打ってからの反発＝リバウンドで儲ける取引なわけですが、肝心要の、底を打つタイミングがわからないからです。さすがに未来のことは誰にもわかりませんから、百人いたら百人とも事前に底を言い当てることは難しいでしょう。

　そこで、逆張りで株を売買するタイミングとして、いつが適切なのかを判断するために、他のトレンド系のテクニカル指標やオシレーター系のテクニカル指標をさらに活用してダブルチェックを行った方がいいでしょう。

　オシレーター系のテクニカル指標として、最初にRSIを利用しました。ですから、今度は違うオシレーター系のテクニカル指標を利用してみるのです。例えば、MACD（72ページ参照）を利用して分析してみる、というふうにダブルチェックを行います。MACDでは、ゼロラインを基準にして、下の部分に折れ線がある時が売られすぎの状態になります。そして、売られすぎの範囲内にあって、かつ、MACDとシグナルが下向きであり、さらにゴールデンクロスをすれば買いシグナルが発生したと分析できます。

　そして、トレンド系のテクニカル指標でも同様です。最初に移動平均線を利用して分析を行いましたので、次は例えばボリンジャーバンドというふうに、異なるトレンド系のテクニカル指標で分析を行います。

　移動平均線では、移動平均線が上向きか下向きかを確認することで、株価のトレンドを分析しました。ボリンジャーバンド（56ページ参照）では、バンドの方向性を見ることで、株価のトレンドを分析することができます。そして、株価がバンドのどこに位置するか、例えばミッドバンドよりも下にある時には売られすぎだと分析できますし、ミッドバン

ドよりも上にある時には買われすぎだと分析できます。

　このような流れでテクニカル分析でダブルチェックを行います。そして、取引に納得することができて初めて、逆張りの取引を行うわけです。順張りの場合には、反対の流れで考えればいいだけです。
　株価のトレンドがいつ変化するかは誰にもわかりません。ですから、できれば株価チャートは毎日、取引が終わった時点で一度は見た方がよく、株価のトレンドの変化を確認した方がよいでしょう。
　そして、自分の分析が当たっているのか、それとも外れているのかは誰にもわかりません。株式に投資をして損をするのは自分です。念には念を入れて、トレンド系のテクニカル指標でも、オシレーター系のテクニカル指標でも、最低二つのテクニカル指標で分析を行い、確認をした方がよいでしょう。

テクニカル分析の日々の流れ

```
①オシレーター系テクニカル指標で株が買われすぎか売られすぎか
  を分析する
            ⇕　（①と②はどちらが最初でも構わない）
②トレンド系のテクニカル指標で株価のトレンドが上昇トレンドか
  下落トレンドかを分析する
            ⬇
③株価のトレンドに合わせて、取引方法を考える
            ⬇
④取引方法が適切かどうか、他のテクニカル指標を利用して確認す
  る
```

paragraph-3
下落トレンド銘柄の売買タイミングを見極める

　下落トレンドの場合には、株価が底を打ってトレンドが転換するまで下落し続けます。株価が下落トレンドにあることを意識した取引を心掛けましょう。

株価の方向性を分析し、投資戦略を考える

　ファーストリテイリング（9983）の1年分の日足チャートを利用して、具体的に株価を分析してみましょう。図表74をご覧ください。
　まずは株価の方向性を分析することからです。トレンド系のテクニカル指標として、移動平均線の動きから株価のトレンドを分析してみます。
　株価の動きを見ると、株価が下落していく過程では上昇している所も

図表74 ファーストリテイリング（9983）／移動平均線

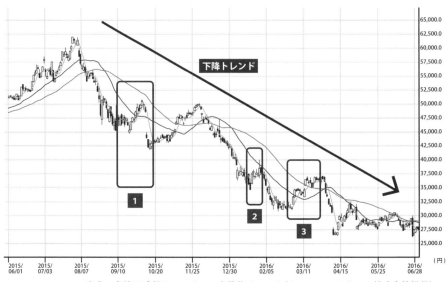

出典：会社四季報オンライン・高機能チャート（クォンツ・リサーチ株式会社提供）

あります。しかし、中長期的な移動平均線の向きを見ると、傾きを変えながらではありますが、一貫して下落基調にあることがわかります。移動平均線は、株価をある一定の日数で平均的にした折れ線ですから、当然の動きです。

株価チャートの分析としては、株価は中長期的には下落トレンドにありますが、短期的には上昇トレンドに転じている所が時々存在する、と分析することができます。

一般的に、株価が上昇すれば儲けが発生した投資家からの利益確定売りに押されて、株価は値下がりします。また、株価が下落すれば割安の水準だと判断されて、株価上昇を期待した投資家からの買いが増えて値上がりします。ですから、中長期的に株価が下落基調であっても、時折株価が上昇することは当然の流れだと言えるでしょう。どんな銘柄であっても、株価は上昇と下落を繰り返すのが普通です。

株価の方向性を分析したら、次は取引を行うための戦略を考えます。株価チャートを見る限りでは、株価は1年間という長い時間軸の中では下落トレンドにあると考えられます。

視点を変えて、もう少し短い時間軸で見てみましょう。例えば、2015年9月から10月にかけては、株価はいったん上昇しています。株価チャートに**1**の印をつけた箇所です。囲みを付けましたが、2015年12月から2016年1月（**2**の箇所）、2月から3月にかけても（**3**の箇所）、株価は上昇しています。このように1年という長い時間軸では株価は下落トレンドにありますが、数カ月という時間軸では株価は上昇トレンドにあることがわかります。下落トレンドにある場合、株価は底を打つまで下落する傾向にありますが、その下落の途中でも、株価は短期的には上昇しています。このように株価が短期的に上昇している動きが、リバウンド上昇です。

下落トレンドにある銘柄の場合には、このリバウンド上昇を狙って株を購入する、逆張りの取引を行うのが一般的です。

余談にはなりますが、「株を買ったら、株価が上昇するまでしばらく

保有しておこう」「長期投資であれば儲けやすいから安心だ」等と株式投資を考えている人も多いかもしれません。しかし、図表74のファーストリテイリングの株価チャートを見れば、長期で株を保有すれば儲かるということは必ずしも正しいと言えないことがおわかりいただけることでしょう。

　中長期投資が正しいという風潮もあります。成長株については言えることかもしれません。しかし、株価が下落トレンドにある銘柄を中長期で保有することは、損失が発生することにほかなりません。長期投資を行えば儲かるということが、すべての銘柄で通じるわけではないことを肝に銘じておかなければなりません。

　さらに、ファーストリテイリングの株価チャートを見るとわかりますが、逆張りで取引した場合でも、株価が上昇したとしてもいずれは元の株価に戻っていますし、さらに株価は下落しています。逆張りで株を購入したら、利益確定のタイミングをあらかじめ検討しておくことが重要ですし、しっかりと利益確定を行わなければなりません。

　逆張りで利益確定のタイミングを逸してしまった場合、損失が発生してそのまま放置する、塩漬けといった事態に陥ることも想定されます。そうした事態に陥らないためにも、株価のトレンドを確認し、トレンドに即した投資戦略を立てることが大事です。

MACDで株価の過熱感を分析し、売買タイミングを考える

　このように株価チャートは長期的には下落トレンドであるため、数カ月程度のスイングトレードを基本とした場合、短期的な時間軸での逆張りの取引が有効だと分析することができます。逆張りの取引では、株価が安いタイミングで購入し、その後、株価が短期的に反発して上昇したら売却します。

　では、株価が安い時をどのように分析したらいいのでしょうか。

　株価が安い時は、株が売られすぎのタイミングになります。第3章で

解説しましたが、オシレーター系のテクニカル指標を利用して、株が買われすぎなのか、売られすぎなのか、過熱感を分析します。

今回は、MACDの株価チャート（下段）を利用して、分析してみましょう。図表75をご覧ください。

図表75 ファーストリテイリング（9983）／MACD

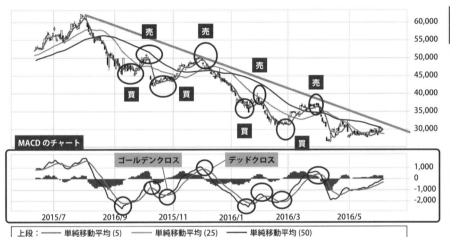

出典：SBI証券サイト画面

　上段の移動平均線の株価チャートでは、株価が下落している途中で、短期的に反発している時に、買いと売りの丸印をつけました。その時のMACDの株価チャート（下段）を見てみると、短期間の株価上昇であっても、2本の折れ線が「ゴールデンクロス」していることがわかります。そして、株価の上昇が終了して下落に転じると、2本の折れ線が「デッドクロス」していることがわかります。ゼロラインよりも下の丸印がゴールデンクロスに、ゼロラインよりも上の丸印がデッドクロスになるのが一般的ですが、いつもゼロラインで分かれているとは限りません。

株価が移動平均線から下に乖離し、安い水準だと判断されれば、短期的なリバウンドを狙った買いが入りますから、株価は上昇に転じます。MACDでは、２本の線がゴールデンクロスするタイミングを狙って、買いを行うことができます。

　反対に、株価が移動平均線から上にきて乖離して割高だと判断されれば、利益確定の売りが入りますから、株価は下落に転じます。MACDでは、２本の線がデッドクロスするタイミングを狙って、売りを行うことができます。

　ただし、割高や割安の水準だからと言って、必ずしも２本の線がクロスするとは限りません。時にはクロスしそうでクロスしない場合もありますから、その点には注意が必要です。

　ところで、株価チャートで分析を行ったら、自分が分析した当初の予定通りに売買をする精神的な強さも大切です。というのも、私たち人間は、株価が上昇し始めると欲望に負け、「まだまだ株価が上がるかもしれないから、売るのを待ってみよう」等と考えがちだからです。このような考えは投資家の希望であり、欲でしかありません。

　加えて、株価チャートでの分析が必ず当たるわけではありません。それにもかかわらず、欲が出てくると、どうしても冷静に物事を考えられなくなってしまいます。例えば、株価が大幅に下落してしまうと、私たちは「どこまで株価は値下がりするんだろう」と不安に駆られ株をたたき売ってしまいます。そして、たたき売った時が底になるということはよくあることです。

　株価チャート通りに取引することが難しいようであれば、あらかじめ売る基準を決めて、その基準通りに売買するようにしましょう。

他の株価チャートも活用して
リスクをさらに低減しよう

　移動平均線で株価のトレンドを分析し、MACDで売買タイミングの分析を行うだけでもいいのかもしれません。しかし、常にリスクを低減

しなければ、株式投資では損失を被ってしまいます。さらに他のテクニカル指標も併用して、これまでの分析が大きく間違ってはいないかを確認することが大事です。

今度は、ボリンジャーバンドの株価チャートを使って、これまでの分析が間違っていないかを確認してみましょう。図表76を見てください。下段にはMACDを表示させてあります。

移動平均線での分析では、株価が下落基調であることが確認できました。ボリンジャーバンドを見てみると、バンドが長期的に下向きであるので、下落基調にあることがわかります。下落トレンドであることは間違いがなさそうです。

さらに、MACDで「ゴールデンクロス」「デッドクロス」が出現している時を、ボリンジャーバンドでも確認してみましょう。ゴールデンクロスの時には、株価が売られすぎの目安となるミッドバンドよりも下で、かつ、マイナス1σからマイナス2σのあたりに株価が位置しています。

図表76 ファーストリテイリング（9983）／ボリンジャーバンド

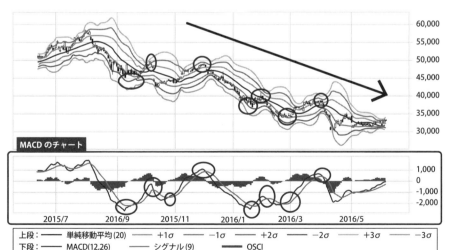

出典：SBI証券サイト画面

また、デッドクロスの場合には、買われすぎの目安となるミッドバンドよりも上で、かつ、プラス１σからプラス２σのあたりに株価が位置しています。
　総合的に見ても、移動平均線とMACD、そして、ボリンジャーバンドを確認した所、MACDの２本の線がクロスするタイミングが、売買するタイミングとして機能しているようだと分析することができます。
　今回は例として移動平均線とMACD、ボリンジャーバンドを利用して分析してみましたが、他のテクニカル指標を利用しても構いません。

　一つの株価チャートだけを見ていると、自分が行った分析が当たっているのか、それとも間違っているのか、判断することは難しいです。
　ましてや株を取引しているその時点で、株価が大きく下落すれば下落するほど、私たち個人投資家は不安に駆られ、「どこまで株価は下がるのだろう」と思ってしまうのが普通の人間です。
　また、株価が上昇すれば、「私って天才。株で儲けるなんて楽勝」などと驕(おご)ってしまうのもよくあることです。しかし、そのような時にこそ冷静に分析を行って、取引を行わなければならないのです。
　株式投資で損失を被っても、誰も損失を補填してくれるわけではありません。頼れるのは自分の判断だけです。ですから、株価の動向を分析する際には、少なくともトレンド系のテクニカル指標とオシレーター系のテクニカル指標を複数併用して、株価のトレンドや投資戦略が間違っていないかを分析するようにしましょう。

paragraph-4
上昇トレンド銘柄の売買タイミングを見極める

　株価が上昇基調にあっても、上昇し続ける株はなく、いずれは天井を打って下落に転じます。上昇トレンドがいつまで続くのか、いつ天井を打ってトレンドが転換するのかを意識した取引を心掛けましょう。

上昇トレンドにある銘柄の投資戦略を考える

　上昇トレンドの銘柄の場合も、下落トレンドの銘柄を分析する時と同様に、株価の方向性を分析します。イオンファンタジー（4343）の1年分の日足チャートを利用して、具体的に株価を分析してみましょう。次ページの図表77をご覧ください。

　株価チャートを見ると、株価は2015年秋頃までは下落基調にあったわけですが、秋頃にトレンドが転換していることがわかります。そして、トレンド転換を機に、株価は上昇トレンドに転換しています。

　株価は2015年10月頃から長期的な上昇基調にありますが、株価は下落することなく、上昇だけをしているわけではありません。丸印をつけましたが、2015年12月頃にはいったん下落していますし（❶の箇所）、2016年2月頃にも株価は下落しています（❷の箇所）。移動平均線の動きを見ても、下落基調にあったのが上昇基調にトレンド転換していることがわかります。株価は中長期的には上昇トレンドにあります。

　株価が上昇する過程では、株価が上昇したら利益を確定させたいと考える投資家からの利益確定売りに押されて、株価は値下がりします。そして、株価が値下がりすれば、「まだまだ株価は上昇するはずだ」と考える投資家の買い意欲が旺盛になることによって、株価は下げ止まり、再び上昇に転じます。

　しかし、短期的な時間軸で見れば、株価は短期的には天井を打って下落トレンドに転じ、これらの利益売りをこなすことで、株価は再び上昇

イオンファンタジー（4343）／移動平均線

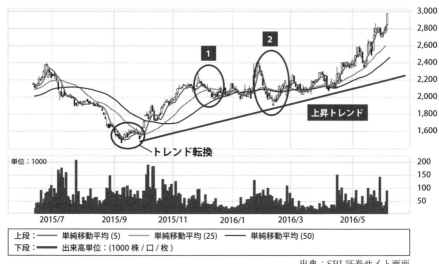

出典：SBI証券サイト画面

していくと分析することができます。移動平均線も、常に上昇を続けているわけではなく、横ばいで推移している箇所を見ることもできます。移動平均線が横ばいで推移するということは、株価は小休止の状態にあるわけですが、その後、株価の上昇とともに、再び移動平均線は上昇傾向へと変化していることがわかります。

上昇トレードにある銘柄の場合は順張り取引が基本

　株価の方向性を分析したら、次は取引を行う戦略を考えます。株価チャートを見る限りでは、株価は中長期的な上昇トレンドにあると考えられます。上昇トレンドにある場合、株価は天井を打ってトレンドが転換するまで上昇を続ける傾向にあります。上昇トレンドにある銘柄の場合には、第4章で解説した順張り、つまり押し目買いでの取引を行った方

が良いと分析することができます。

　株価が上昇する理由は、業績がいいとか、需給がいいなど様々ですが、そうした理由がなくなれば株価はいずれ下落します。例えば、業績が急激に悪化して下方修正などを発表した場合には、株価はどこからともなく売りがわいてきて、物凄い速さで下落してしまいます。短期的な株価の下落なのか、それとも株価のトレンドを変えてしまうほどの下落なのかの見極めが必要ですから、株価を上昇させている要因に変更が発生していないかを、常に確認しておくことが大切です。そして、株価が上昇している間に、どの程度まで株価が上昇する可能性があるのかを考えておき、利益確定のタイミングをあらかじめ検討しておくことも必要にはなるでしょう。

　なお、株価の動きで注意しておきたいことがあります。それは、株価が動くスピードです。一般的に、株価が上昇する時は、ゆっくりとしたペースでじわじわと上昇していきます。なぜなら、株価は本当に上昇するのかと疑心暗鬼な部分もあるから、どうしてもスピードはゆっくりになってしまうのです。

　反対に、株価が下落する時は、我先に売りたいと考えた売りが発生してきますから、物凄い速さで下落していきます。そのため、株価が天井を打っていったん下落し始めると、あっという間に買った値段になってしまう場合もあります。上昇トレンドから下降トレンドへのトレンド転換には特に注意しましょう。

　例えば、2013年から始まった「アベノミクス相場」が上昇トレンドの出発点にあたります。アベノミクス相場では多くの銘柄の株価が上昇し、株を買えば誰でも、いつでも、儲かったことでしょう。それが上昇相場なのです。

　しかし、2015年夏のチャイナショックの時には、天井を打ったと判明するや否や、物凄い速さで株価は下落しました。そして、アベノミクス相場が終わったと囁かれ始めた2016年には、チャイナショック等の影響もあり、下落相場に移行しました。このようにトレンドが転換したことに気づかずに株を安易に買えば、適当に株を買った分だけ損をして

しまいます。

　株価が上昇トレンドの場合、地合いやファンダメンタルに変更がない場合、じわじわと時間をかけて株価は上昇します。

　上昇トレンドだから儲かっているのに、「自分には才能がある」と過信してはいけません。株価のトレンドに変更がないかを常に確認し、上昇トレンドが継続しているか分析を続けましょう。

RSIで株価の過熱感を分析し、売買タイミングを考える

　上昇トレンドの銘柄を、押し目買いの戦略で取引することにしたとします。押し目買いの取引は、株価が上昇している途中の安いタイミングに株を購入する取引方法です。

　株価が上昇している途中の安いタイミングとは、どのような時なのでしょうか。

　株価が安い時に株を購入したいので、株価が売られすぎのタイミングになります。下落トレンドの場合と同様に、オシレーター系のテクニカル指標を利用しますが、注意点があります。それは、株価は上昇トレンドにあるわけですから、下落トレンドのような売られすぎになるとは限りません。上昇トレンドなりの売られすぎの場合もありますので、そうした点を考慮しながら分析していきます。

　図表78をご覧ください。オシレーター系のテクニカル指標として、RSIの株価チャートを見てみましょう。下段です。株価が下落トレンドにある時には、RSIの数値は下落して50を下回り、プラスマイナス0にどんどん近付いていきます。売られすぎの状態です。しかし、株価の反転とともにRSIも上昇に転じ、プラス100に向かって上昇していきます。

　図表78の上段の移動平均線の株価チャートでは株価が下落して反発している所で買いと売りの丸印を付けてみました。その時のRSIの株価チャートにも丸印を付けてみました。

売られすぎの目安としている 30％前後を下回ると株価が反転して上昇し、買われすぎの目安としている 70％前後を上回ると株価は反転して下落しています。一般的な数値を目安に売買してもいいでしょう。

しかし、上昇トレンドの押し目で株を買う取引方法の場合、RSI の数値が売られすぎの目安となる 30％前後まで必ず下がるというわけではありません。また、株価チャートを見ると、株価が上昇を続けている間は、70％前後の数値がずっと続くというわけではなく、数値も上下していることがわかります。

それは、RSI の数値が常に過去数日間の数値を元に算出されているわけですから、仕組み上、仕方のないことではあります。教科書通りに、株価の動きと数値の整合性が常にとれているわけではありませんので、その点には注意しなければなりません。

なお、上昇トレンドを前提にしていますから、株価がトレンド転換するタイミングで株を買い、さらに、天井がいくらくらいなのかをあらか

図表78　イオンファンタジー（4343）／ＲＳＩ

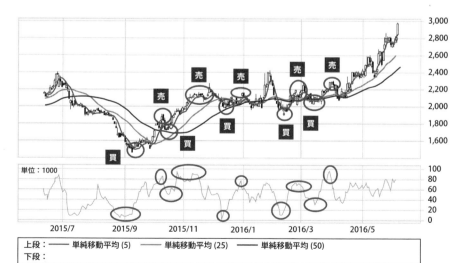

出典：SBI証券サイト画面

じめ分析できるのであれば、その株をずっと保有していてもいいわけです。しかし、天井がいくらくらいなのかを分析することは難しいと言わざるを得ません。ですから、適宜売買を繰り返してコツコツ利益を積み上げる投資スタイルで、回転させてもいいでしょう。

一目均衡表を活用してさらに確認しよう

　株価のトレンドを分析し、RSIで売買タイミングの分析を行うだけでもいいかもしれません。しかし、リスクを低減することを目的にするのであれば、上昇トレンドの銘柄であっても、これまでの分析が大きく間違ってはいないか、他のテクニカル指標で確認することが大事です。今回は、一目均衡表の株価チャートを使って、これまでの分析が間違っていないかを確認してみましょう。

　移動平均線では、移動平均線が上向きであることから株価が上昇基調であることが確認できたわけですが、一目均衡表の株価チャートを見てみましょう。図表79を見てください。

　中央に表示されている抵抗帯（雲）の推移を見ると、時間の経過とともに抵抗帯が上昇基調、右肩上がりで推移していることがわかります。株価が上昇トレンドである可能性が高そうです。

　また、**1**の丸印をつけましたが、一目均衡表での株価は2015年11月頃に抵抗帯（雲）の上に抜けています。一目均衡表での株価が強い状態とされている「三役好転」であることがわかります。

　また、**2**の丸印をつけましたが、2016年初めの頃あたりから、一目均衡表の抵抗帯（雲）の上に位置している株価が、抵抗帯（雲）にサポートされて株価を維持していることや、2016年4月頃から株価が抵抗帯（雲）の上に大きく抜けたことを総合的に考えると、一目均衡表でも株価が上昇トレンドであると分析することができます。上昇基調が強いことを分析できれば、株をこまめに売買する必要性が小さくなってきていることがわかります。

RSIで株が買われすぎか、売られすぎかを分析するだけで、株を売買するタイミングを分析することはできます。しかし、一つの株価チャートだけに頼ってしまうと、株価が動くたびに右往左往して無駄に売買をしてしまったり、精神的な負担が大きくなる可能性もあります。

株価の動向を分析する際には、少なくともトレンド系のテクニカル指標とオシレーター系のテクニカル指標を併用して、株価のトレンドや投資戦略が間違っていないかを分析し、上昇トレンドが継続しているか、そして上昇トレンドが転換していないかを、常に確認するようにしましょう。

図表79 **イオンファンタジー（4343）／一目均衡表**

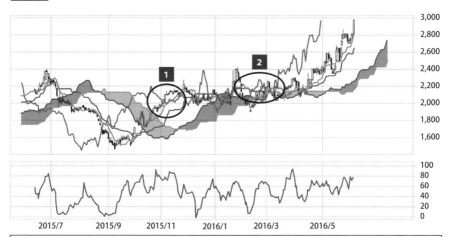

出典：SBI証券サイト画面

paragraph-5
横ばいトレンド銘柄の売買タイミングを見極める

　横ばいトレンドの銘柄の場合、ボックス相場がいつまでも続くわけではなく、いずれ上下どちらかに株価は動きます。ボックス相場から抜け出してトレンド転換するのかを意識した取引を心掛けましょう。

横ばいトレンドにある銘柄の投資戦略を考える

　横ばいトレンドの銘柄を分析する方法としては、基本的に下落トレンドの銘柄と同様に考えればいいでしょう。と言うのも、横ばいトレンドでは、ある一定水準の安値と高値の範囲内で株価が動きます。安値と高値を上か下かに株価がブレイクするまでトレンドは転換しませんので、安値で買って、高値で売る取引方法を繰り返すことが可能になります。横ばいトレンドの場合も、まずは株価の方向性を分析することから始めます。

　アニコム ホールディングス（8715）の半年分の日足チャートを利用して、具体的に株価の方向性を分析してみましょう。図表80を見てください。

　株価チャートを見てみると、株価が大幅に下落した後、2016年3月頃から横ばいトレンドに転換したことがわかります。横ばいトレンドの安値に下値支持線、高値に上値抵抗線を引きました。株価が横ばいトレンドに転換してから、トレンドラインの間を行ったり来たりしていることがわかります。

　株価はある一定の範囲内で、上昇したら下落し、下落したら上昇するという動きを繰り返していて、全く株価が動かないわけではありません。というのも、下値支持線に株価が近付いたら、「また株価は上昇するだろう」と考える投資家からの買い意欲によって株価は下げ止まり、株価は反転して上昇に転じます。反対に、株価が上値抵抗線に近付くと、

「また株価は下落するだろう」と考える投資家が利益を確定させますから、利益確定売りに押されて株価は値下がりします。横ばいトレンドの場合、株価の動きが比較的規則的であるため、機械的に下値支持線付近で買い、上値抵抗線付近で売り、というように取引を行うことができます。

この時の移動平均線の動きを見てみると、大きく上昇することもなければ、かと言って下落することもなく、大まかにいえば横に推移していると言えます。ですから、株価は横ばいトレンドであると分析することができます。

株価の傾向を分析したら、次は取引を行う戦略を考えます。株価チャートを見る限りでは、株価は短期的には横ばいトレンドにあると判断できます。横ばいトレンドにある場合、株価はトレンド転換するまではトレンドラインの範囲内で動く傾向にありますから、下落トレンドの銘柄同様に、下値支持線あたりで買ったら上値抵抗線あたりで売るという、逆張りの取引を行うことが可能になります。

図表80 アニコム ホールディングス（8715）/ 移動平均線

出典：SBI証券サイト画面

ただし、横ばいトレンドだからと言って、株価がずっと横ばいで推移するわけではありません。株価チャートを見るとわかりますが、株価は下落トレンドから横ばいトレンドに変化してきています。つまり、横ばいトレンドはいずれ上昇トレンドか、下落トレンドに変化するということです。

株価が上値抵抗線を抜けて上昇トレンドに転換する場合には特に問題はありませんが、下値支持線を抜けて下落トレンドに転換した場合には損失が発生します。いつもトレンドラインに沿って株価が動くわけではなく、いずれ新しいトレンドが発生するという点を考慮して、取引を行うことが大切です。

なお、横ばいトレンドにあった株価がトレンド転換する時の理由としては、業績がいいとか需給がいいなど様々ですが、好材料であれば上にレンジをブレイクすることが多いです。反対に、業績の下方修正などといった悪材料の場合には、下にレンジをブレイクします。

例えば、株を買った後に好業績で株価が上昇してレンジを上にブレイクする場合には、儲けが増えるだけですから問題はありません。しかし、業績が急激に悪化して株価が下落する場合には、レンジを下にブレイクすることになります。つまり、買った価格よりも株価は値下がりしますから、損失が発生することになります。いったん株価のレンジを下に下げてしまうと、ファンダメンタルに変更がなければ元のレンジに戻ることは難しいでしょう。

横ばいトレンドの場合には、株価を動かしている要因に変更がないことや、トレンドが転換していないかに注意を払い、利益確定のタイミングを逃さないようにしましょう。

ストキャスティクスで株価の過熱感を分析し、売買タイミングを考える

横ばいトレンドの銘柄の場合も、下落トレンドの場合と同様に、逆張りで取引を行うといいでしょう。では、横ばいトレンドで行う逆張りの

取引とは、どのようなタイミングで株を購入すればいいのでしょうか。

逆張りの取引では、株価が下落してきて安くなったタイミングで株を購入し、高くなったら売却する取引です。横ばいトレンドの場合も、株価の安い時に株を購入しますから、株価が売られすぎの状態の時になります。下落トレンドの場合と同様に、オシレーター系のテクニカル指標を利用するわけですが、まずはボックス相場の下限の株価位置がどのあたりになるのかを確認しつつ、株価が売られすぎの状態になっているのかを分析していきます。

今回は、ストキャスティクス（90 ページ参照）の株価チャート（下段）を見てみましょう。図表 81 を見てください。上段の移動平均線の株価チャートでは、株価が下落して反発した所で買いと売りの丸印を付けました。その時のストキャスティクス（下段）に丸印を付けてみました。株価が下落している時には、ストキャスティクスの数値は下落して 50 を下回り、0 にどんどん近付いていきます。しかし、株価の反転とと

図表 81 アニコム ホールディングス（8715）/ ストキャスティクス

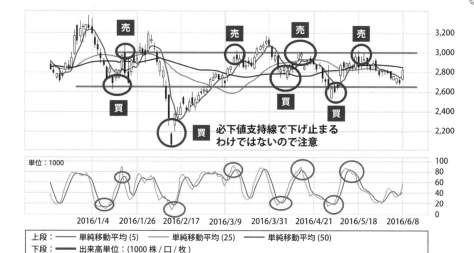

出典：SBI 証券サイト画面

もにストキャスティクスも上昇に転じ、プラス100に向かって上昇していきます。売られすぎの目安としている30％前後を下回ると、ストキャスティクスの2本の線がゴールデンクロスし、株価が反転して上昇しています。株価はその後、買われすぎの目安としている70％前後を上回ると、ストキャスティクスの2本の線はデッドクロスし、株価は反転して下落する傾向にあります。

　しかし、ストキャスティクスの数値が売られすぎの30％あたりや、買われすぎの70％あたりになった場合でも、下値支持線や上値抵抗線のあたりに株価が位置するわけではありません。ストキャスティクスを使って、株価が売られすぎか買われすぎかを分析するとともに、株価が横ばいトレンドの下値支持線と上値抵抗線に近づいているのかを確認しましょう。

　横ばいトレンドでは、上値抵抗線と下値支持線で売買を繰り返してコツコツ利益を積み上げていく投資手法を行うことができますが、時には下値支持線以上に株価が下落することもありますので注意が必要です。

　株価が一定の範囲内で動いている間は逆張りの取引を繰り返せばいいわけですが、地合いが悪化すれば地合いに引きずられて下値支持線あたりで株価が下げ止まらないこともあります。2016年2月や4月の時には、下値支持線で株価は下げ止まりませんでした。下げ止まるだろうと株を安易に買ってしまうと、株価の下落によって損失が発生してしまいます。機械的な売買にこだわりすぎず、その時々の地合いや、ファンダメンタルの変化にも注意を払って取引した方がよいでしょう。

ボリンジャーバンドでも確認して
さらにリスクを低減しよう

　次に、ボリンジャーバンドの株価チャートを使って、これまでの分析が間違っていないかを確認してみましょう。図表82をご覧ください。上段がボリンジャーバンド、下段はストキャスティクスです。

　移動平均線で分析した時には、株価が横ばい基調であることが確認で

きました。ボリンジャーバンドを見てみると、バンドの幅が一定幅で推移していることから、株価が横ばい基調にあると分析することができます。株価が横ばいトレンドであることには間違いがなさそうです。

　また、ボリンジャーバンドでの株価の動きを見ると、下値支持線に株価が位置したあたりで売られすぎの目安であるマイナス１σから２σに位置しています。また、株価が上値抵抗線に来たあたりで、買われすぎの目安であるプラス１σから２σに位置していることがわかります。

　株価が買われすぎか、売られすぎかを、ストキャスティクスで分析して株を売買するタイミングを分析することはできそうです。

　しかし、前述したように下値支持線で株価が下げ止まらなかった2016年2月には、ボリンジャーバンドの幅が拡大し、バンドウォークをしていることがわかります。1の印を付けた所です。そして2016年3月頃から、ボリンジャーバンドの形状を見る限りでは、株価が横ばい基調に再び戻っていて、株価が、バンドの範囲内で推移していることがわかります。2の印をつけた所です。横ばいトレンドであることを分析

図表82　アニコムホールディングス（8715）／ボリンジャーバンド

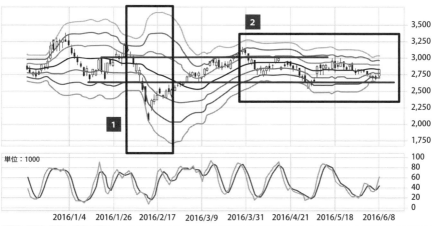

出典：SBI証券サイト画面

できれば、株をボックス相場の上限と下限で売買して、しっかりと利益確定を行うことが可能であることがわかりますが、時には上にも下にも動く場合があるとは想定しておいた方がよいかもしれません。

　ただ、横ばいトレンドもずっと続くわけではありません。いずれは上か下かにもみ合いを抜けるわけですから、トレンド系のテクニカル指標とオシレーター系のテクニカル指標を併用して、株価のトレンドや投資戦略が間違っていないかを分析するようにしましょう。

paragraph-6

中小型株や新興市場株の売買タイミングを見極める

　中小型株や新興市場銘柄の株価は、上昇する時も下落する時も一方向に動きやすい傾向があります。リスクを低減するという意味でも、株価チャートをできる限り活用して投資戦略を立てるようにしましょう。

中小型株や新興市場銘柄株の投資戦略を考える

　新興市場銘柄や中小型株の場合、比較的新規上場間もない銘柄が多いため、時価総額が小さい銘柄が多くなりがちです。そのため、どうしても注文の数である板が薄くなってしまい、株価が上昇する時も下落する時も、株価は一方向に動きやすく、ストップ安やストップ高まで動いてしまうこともよくあることです。

　板が薄いと流動性が低いため仕方のないことではありますが、だからと言って、株価チャートで株価の動向を分析することを難しいと考えてしまうことは早計です。

　例えば、株価が大幅安になった時、「暴落しているからさっさと売ろう」などと多くの人が思い、冷静な判断を失ってしまうことはよくあることです。個人投資家に人気のある銘柄群だからこそ、テクニカル指標を利用して分析を行うことが大切なのです。

　まずは株価の方向性を、移動平均線等のトレンド系のテクニカル指標を使って分析します。株価のトレンドが上昇基調であるか、そして、株価のトレンドに変化が発生していないかを見ます。具体的に、グリーンペプタイド（4594）の半年分の日足チャートを利用して、株価を分析してみましょう。

　図表83を見てください。株価チャートを見る限りでは、株価は2016年3月頃から急激に上昇に転じていることがわかります。移動平均線は上昇して推移していますし、株価は移動平均線よりも上に位置していま

グリーンペプタイド（4594）／移動平均線

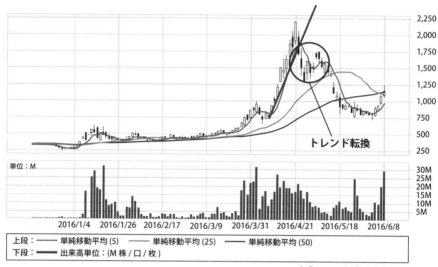

出典：SBI証券サイト画面

す。株価が上昇トレンドであることがわかります。

　しかし、株価が大きく上昇した所で天井を打ち、大幅に下落しています。上昇トレンドから下落トレンドに転換したわけですが、このトレンド転換を境に、株価は大幅な下落となっています。

　新興市場の銘柄の場合、この株価チャートのように上昇トレンドが発生すると、買いが買いを呼び、一気に株価が大幅に上昇する傾向にあります。しかし、株価が天井を打ったら、我先に株を売りたいと考える人が増えますから、あっという間にトレンドが転換して、株価は値下がりします。移動平均線を見ることで株価のトレンドを判断することはできましたが、株価が天井を打って大幅に下落する時には移動平均線が機能しているとは言い難い状況です。

　こうした転換点を素早くとらえるためには、他のテクニカル指標を利用することを検討した方がいいでしょう。そこで、移動平均線に加えて、トレンドライン分析（102ページ参照）を利用してみましょう。

株価が急上昇を始めた所を起点に、下値支持線を引きました。トレンドライン分析を見ると、株価が下値支持線を割り込まずに上昇している間は買いが買いを呼ぶ流れが続いています。しかし、上昇トレンドだった株価が下値支持線を割り込み始めると、トレンド転換をした可能性が高まったと考える投資家が増えたようで、一気に株価が値下がりに転じてしまったことがわかります。

　新興市場銘柄や中小型株の場合は、値動きが大きいために短期で売買を繰り返している投資家が多いからだと思われますが、トレンドが一瞬にして転換してしまうのはよくあることです。

　このように値動きが大きい銘柄の場合には、一つのテクニカル指標だけでは心配も多いですから、例えばトレンドライン分析をさらに行うなどして、トレンドに変化が発生していないかを常に確認していくことが重要です。

　株価の傾向を分析したら、次は取引を行う戦略を考えるわけですが、上昇トレンドの場合には順張りの押し目買い戦略で良いでしょう。ただし、トレンドが転換した場合にはさっさと利益を確定し、今度は逆張りの戦略に切り替えなければなりません。トレンド転換したにもかかわらず、「また株価は上がるだろう」などと適当に株を買ってしまうと、高値づかみになってしまいかねず、損失が発生してしまう可能性もあります。

　新興市場株や中小型株は、値動きが大きいために大きく儲けることができます。しかし、裏を返せばその分だけ損失も大きいということです。どうしても利益確定のタイミングが遅れがちだという場合には、どの程度まで株価が上昇する可能性があるのかをあらかじめ考えておき、しっかりと利益を確定することも大切です。

ストキャスティクスで株価の過熱感を分析し、売買タイミングを考える

　上昇トレンドの銘柄の場合には、押し目買い戦略で取引を行えばいいでしょう。押し目買い取引は、株価が上昇している途中にある安いタイミングで株を購入する取引です。

　グリーンペプタイドのような新興市場銘柄の場合、どのようなタイミングで株を購入すればいいのでしょうか。具体的に見てみましょう。図表84を見てください。

　株価の安い時ですから、株価が売られすぎのタイミングで株を購入します。オシレーター系のテクニカル指標を利用するわけですが、この株価チャートのように上昇トレンドがはっきり出ているような場合には、トレンドの強さを考慮しつつ、株が売られすぎのタイミングを分析していくことになります。

　上段の移動平均線の株価チャートでは、株価が下落して反発した所で買いと売りの丸印をつけました。ストキャスティクスの株価チャート（下段）で、株価が上昇トレンドに転じる前の、横ばいトレンドで推移している時を見てみましょう。株価が横ばいトレンドの範囲内で下落している時には、ストキャスティクスの数値は50を下回り、0に近付いていきます。また、株価が横ばいトレンドの範囲内で上昇している時には、50を上回り、100に近付いていきます。比較的規則正しく動いています。**1**の囲み印の所です。

　しかし、株価が上昇トレンドに転じ始めるあたりから、ストキャスティクスも上昇に転じ、あまり下がらない動きになり始めます。そして、株価の上昇トレンドが鮮明になった時点で、買われすぎの目安である70％前後を上回って100に向かって上昇しています。

　そして、株価が上昇基調の範囲内で下落した時には、売られすぎの目安とされている30％前後を目指して動きますが、大きく割り込んではいません。そして、株価の反転とともに、再びストキャスティクスも上昇に転じています。

2016年4月頃に株価は天井を打って下落するわけですが、ストキャスティクスは少し早い時期ですでに買われすぎの目安とされている70％を上回っています。ストキャスティクスの計算式が過去何日を基準としているため、当然の動きではあります。株価チャートを見る限りでは、上昇トレンドの間は、ストキャスティクスが30％に近付いてきたあたりで株を買えばいいわけですから、買いのタイミングは比較的分析しやすいと言えます。

　しかし、ストキャスティクスを活用すると、売りのタイミングが少し早くなってしまう可能性は否定できません。しかし、天井がどのあたりになるのかをあらかじめ分析できるのであればその株をずっと保有していてもいいわけですが、天井がいくらなのかを分析することは難しいでしょう。トレンド転換してからの株価下落は速いですから、考えようによっては、株価が天井を打ってから利益を確定しても、早く利益を確定しても、株価にさほど大きな違いはないのではないでしょうか。

図表84　グリーンペプタイド（4594）／ストキャスティクス

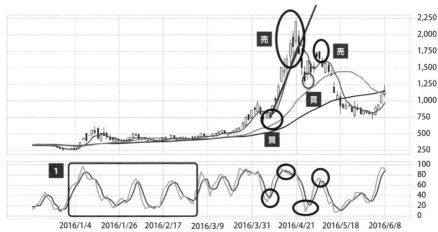

出典：SBI証券サイト画面

株価の動きが大きい時には、トレンドが転換していないか、常に細心の注意を払って取引戦略を立てた方がよいでしょう。

さらにボリンジャーバンドでも確認してリスクを低減しよう

値動きが大きい銘柄の場合には、リスクを低減することに常に注意を払わなければなりません。これまでの分析が大きく間違ってはいないかを、他のテクニカル指標を併用して確認することが大事です。ボリンジャーバンドの株価チャートを使って、これまでの分析が間違っていないかを確認してみましょう。図表85をご覧ください。

図表85上段のボリンジャーバンドを見てみると、上昇トレンドが継続している間は、買われすぎの目安であるプラス1σから2σのあたりに位置しながらバンドウォークし、上昇していることがわかります。囲

図表85 グリーンペプタイド（4594）／ボリンジャーバンド

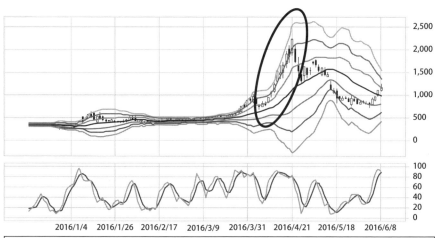

出典：SBI証券サイト画面

みをつけた箇所です。

　しかし、トレンドが転換すると、株価はミッドバンドの方に下落していき、さらには売られすぎの目安であるマイナス１σからマイナス２σまで下落していることがわかります。トレンドライン分析だけでなく、ボリンジャーバンドも活用することで、上昇から下落にトレンドが転換したことを確認できます。

　また、上昇トレンドの場合には、バンドも上方に向かった形状になっていますが、トレンドが転換したあたりからバンドは横から下方に向かった形状に変化しています。バンドの形を見てもトレンドが転換したことが確認できます。

　一つの株価チャートだけに頼ってしまうと、トレンド転換のタイミングを逃してしまう可能性があります。万一、高値づかみをしてしまったら、その後の株価下落によって損失が発生してしまいますし、精神的な負担は大きなものになる可能性が非常に高いです。

　とりわけ新興市場銘柄や中小型株の場合には、できればトレンド系のテクニカル指標とオシレーター系のテクニカル指標を複数併用して、株価のトレンドや投資戦略が間違っていないのか、常に確認するようにしましょう。

Column 株を買ってから売るまでの流れはこれ

▶株を買うまでの流れ

STEP1 銘柄を選別する

- 会社四季報を使う
- テクニカル指標でスクリーニングを行う
- 人気の株をランキング情報から探す

STEP2 取引タイミングを探す①

（日足チャート）
- トレンド系のテクニカル指標で、上昇トレンドか、下落トレンドか、横ばいトレンドか、株価のトレンドを分析する
- チャートパターンを確認する

移動平均線や一目均衡表、ボリンジャーバンド、トレンドライン分析を利用

STEP3 取引タイミングを探す②

- ローソク足と出来高の動向を確認する
  ローソク足の形状と出来高の推移

STEP4 取引タイミングを探す③

- オシレーター系のテクニカル指標で、買われすぎの水準か、売られすぎの水準かを分析する
  RSIやストキャスティクスなどで過熱感を確認する

STEP5 取引の分析を確認する

- 週足チャートと月足チャートで、上記のステップを繰り返す
- トレンドに逆らっていないか確認する

STEP6 マーケットのファンダメンタルを確認する

- 為替市場や日経平均株価、米国の株式市場等の地合いを確認する

- 地合いは良好か

  テクニカル指標の分析に納得できたら買ってみよう！

▶株を売るまでの流れ

STEP1 保有株の動向を確認する

（日足チャート）
- トレンド系のテクニカル指標で、株価のトレンドに変化が生じていないか確認する
- チャートパターンを確認する

  移動平均線や一目均衡表、ボリンジャーバンド、トレンドライン分析を利用

STEP2 取引タイミングを探す①
- ローソク足と出来高の動向を確認する

  ローソク足の形状と出来高の推移

STEP3 取引タイミングを探す②
- ローソク足と出来高の動向を確認する

  ローソク足の形状と出来高の推移

STEP4 取引タイミングを探す③
- オシレーター系のテクニカル指標で、買われすぎの水準か、売られすぎの水準かを分析する

  RSIやストキャスティクスなどで過熱感を確認する

STEP5 マーケットのファンダメンタルを確認する
- 為替市場や日経平均株価、米国の株式市場等の地合いを確認する
- 地合いが悪化していないか

  銘柄に悪材料が発生したり、マーケットの地合いが悪化した場合には、売りが続く場合があります。

  利益確定のタイミングを逃さないように気を付けましょう。

巻末付録

この株は上がるのか下がるのか、チャート分析をやってみよう！

　今後の株価の動きを予測して勝率を100％にすることは、現実的にはまず不可能です。しかし、テクニカル分析をよく理解して正しく利用できば、勝率を今よりもアップさせることは、決して難しくはありません。
　そこで、実際の株価チャートを使って、実践でどう分析したらいいのかを最後に考えてみましょう。トレンドライン分析を活用し、上値抵抗線や下値支持線を引いてみて、株価の基調や動きを分析してみてください。

質問1　ソフトバンク（9984）

株価はもみ合いを続けています。
株価は上昇するでしょうか？　下落するでしょうか？
それとも横ばいになるでしょうか？

出典：会社四季報オンライン・高機能チャート（クォンツ・リサーチ株式会社提供）

答え1　株価は上昇した！

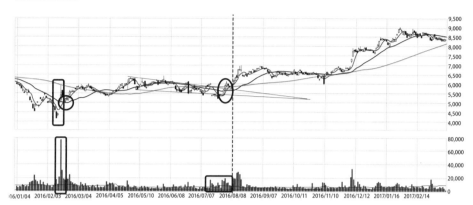

出典：会社四季報オンライン・高機能チャート（クォンツ・リサーチ株式会社提供）

解説

　株価は2月に出来高を伴って下落した翌日以降、さらなる出来高を伴って反発しました。この時、トレンドが転換したことに確信が持てない時は翌日以降の株価動向を確認してから買っても遅くはありません。移動平均線では短期線でゴールデンクロスが数日遅れて出ています。その後、株価は横ばいに変化し、長くもみ合いを続けました。トレンドラインを引いて、株価のトレンドを確認しますが、だんだんと三角保ち合いが狭くなってきたあたりで出来高が増え、大陽線のローソク足を伴って、株価は上昇しました。三角保ち合いで損切りをしたとしても、再びトレンドラインを上に抜けた時点で買い直せばよいでしょう。

質問2 安川情報システム（2354）

大幅に上昇した株価がもみ合いを続けています。
株価は上昇するでしょうか？　下落するでしょうか？
それとも横ばいになるでしょうか？

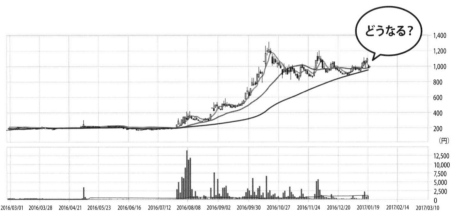

出典：会社四季報オンライン・高機能チャート（クォンツ・リサーチ株式会社提供）

答え2　株価は下落！

出典：会社四季報オンライン・高機能チャート（クォンツ・リサーチ株式会社提供）

解説

　株価は9月に出来高を伴い、かつ、上ヒゲの長いローソク足となり、天井を打ちました。その後、株価は三角保ち合いを形成します。株価が上昇しては出来高を伴って、かつ、上ヒゲの長いローソク足となり、天井を打つ状況が続きます。その結果、株価は出来高を伴って下値支持線を下に抜けてしまい、短期の移動平均線ではデッドクロスが出ています。その後も、株価は下落基調が続いています。下値支持線を下に抜けた場合には、早めに損切りした方が良いでしょう。

質問3　ダブル・スコープ（6619）

株価は値下がり続けています。
株価は上昇するでしょうか？
さらに下落するでしょうか？

出典：会社四季報オンライン・高機能チャート（クォンツ・リサーチ株式会社提供）

答え3　横ばいが続く！

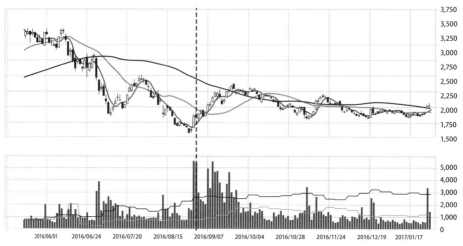

出典：会社四季報オンライン・高機能チャート（クォンツ・リサーチ株式会社提供）

解説

　株価は5月に出来高を伴って、かつ、上ヒゲの長いローソク足となり、天井を打ちました。その後、株価は一貫して値下がりしていて、上値抵抗線を超えられません。8月末には、出来高を伴って下落しました。いわゆるセリングクライマックスの状況だと言えるでしょう。その後、9月に入ってからは出来高を伴って株価は上昇を続けています。この時、セリングクライマックスだと確信が持てなかったとしても、すでに短期的なトレンドは転換していることはわかります。翌日以降の株価動向を確認してから買っても遅くはありません。移動平均線では短期線でゴールデンクロスが数日遅れて出ています。その後、株価は上昇していますが、下値支持線を下に抜けた時に株価は下落トレンドに転換しました。その後の株価は、長く横ばいが続いていて、三角保ち合いの形状となり、もみ合いの状況が続いています。いずれ株価はもみ合いを上か下かに抜ける可能性が高いため、逆ばりの取引に徹するか、新トレンドを確認してから取引しても良いでしょう。

[編著者]

ファイナンシャルアカデミー

2002年の設立以来、金銭や経済の基礎となる会計、経済、経済新聞の読み方、マネースクール、ライフプラン策定から、お金の教養スクール、株式投資、不動産投資のスクール、セミナーまで幅広いファイナンシャル教育を行っている日本最大級の独立系ファイナンシャル教育機関。

金銭や経済に関する教育——ファイナンシャル教育を、真に豊かな人生を送るために万人に不可欠の「教養」と位置付けて、分かりやすさ・実用性、そして心躍るような「学びの楽しさ」があるかどうかという観点から、独自のカリキュラムによる講座を提供している。

2002年から15年間の受講生は延べ41万人を超え、たくさんの受講生から絶大な支持を得ている。本書は、その人気講座のうちの一つを書籍化したもの。

ファイナンシャル教育のあり方や、カリキュラムの中立性等について、公正な内容を提供するために各分野における有識者で構成されるアドバイザリーボードも設置している。

http://www.jfa.ac

泉　正人（いずみ・まさと）

ファイナンシャルアカデミーグループ 代表。一般社団法人金融学習協会 理事長。

自らの経験から経済金融教育の必要性を感じ、2002年に「お金の教養」を身につけるための日本唯一の総合マネースクール「ファイナンシャルアカデミー」を創立。身近な生活のお金から、学問的視点、資産運用まで、独自の体系的なカリキュラムを構築し、15年間で延べ41万人に義務教育で教わらない「お金の教養」を伝えている。

一般社団法人金融学習協会理事長としては「マネーマネジメント検定」を運営。学校現場への経済金融教育カリキュラムを提供するなど、啓蒙活動も精力的に行っている。現在では、グループ4社を牽引し、より多くの人に豊かな将来と自立心を創りあげるための金融経済教育の定着を目指している。著書は30冊累計150万部を超え、韓国、台湾、中国で翻訳版も発売されている。

横山利香（よこやま・りか）

短大卒業後、金融専門出版社等で雑誌の記者、書籍の編集者を経て、ファイナンシャルプランナー、国際テクニカルアナリスト連盟認定テクニカルアナリスト（CFTe®）として独立。相続士。株式投資や不動産投資、外貨投資、投資信託など、資産運用についての執筆やセミナー活動、相談業務等を行う。株式投資歴は15年ほど。著書に『株で着実に資産を10倍にふやした私の方法』（ダイヤモンド社）などがある。

※本書は特定の投資商品・投資手法を推奨するものではありません。

※本書は教育的目的のために編集されたものであり、内容の正確性を保証するものではありません。法律や税制など、詳細は時代や地域により異なるため、実際に投資を行う際には専門家のアドバイスを仰いでください。

※本書により発生するいかなる損害についてもファイナンシャルアカデミー株式会社ならびに出版社は責を負いかねます。投資判断は自己責任に基づき行ってください。

免責

本書に掲載した銘柄は説明のための例としてご紹介するものであり、特定の株式の勧誘や売買の推奨等を目的としたものではありません。
当資料は信頼できると考えられる情報に基づいて作成しておりますが、情報の正確性、完全性を保証するものではありません。
投資などを行った結果については、その責を負いかねますので、ご自身で納得のいく投資を行ってください。

本書のデータ等は 2017 年 3 月現在のものです

さらに確実に儲けるための売り時・買い時が学べる！
株式投資の学校［チャート分析編］
2017年 4 月 19 日　第 1 刷発行

編著者―――― ファイナンシャルアカデミー
発行所―――― ダイヤモンド社
　　　　　　　〒150-8409　東京都渋谷区神宮前 6-12-17
　　　　　　　http://www.diamond.co.jp/
　　　　　　　電話／03·5778·7234（編集）03·5778·7240（販売）
装丁―――――重原隆
本文デザイン・DTP―川野有佐（ISSIKI）
製作進行――― ダイヤモンド・グラフィック社
印刷――――― 勇進印刷（本文）・加藤文明社（カバー）
製本――――― 本間製本
編集担当――― 髙野倉俊勝

©2017 ファイナンシャルアカデミー
ISBN 978-4-478-06883-0

落丁・乱丁本はお手数ですが小社営業局宛にお送りください。送料小社負担にてお取替えいたします。但し、古書店で購入されたものについてはお取替えできません。
無断転載・複製を禁ず
Printed in Japan